BELGIË IN OORLOG 24

De militaire begraafplaatsen van W.O.I in Vlaanderen

Michel Vansuyt en Michel Van den Bogaert

Deel 2:
Boezinge, Brielen, Dikkebus, Elverdinge, Vlamertinge, Voormezele

Uitgeverij De Krijger

Uitgeverij De Krijger
Dorpsstraat 144
B-9420   Erpe
België

Tel: 053/ 80.84.49
Fax: 053/ 80.84.53

ISBN 90-72547-99-3
Wet. Depot D/2000/6004/10

INHOUD

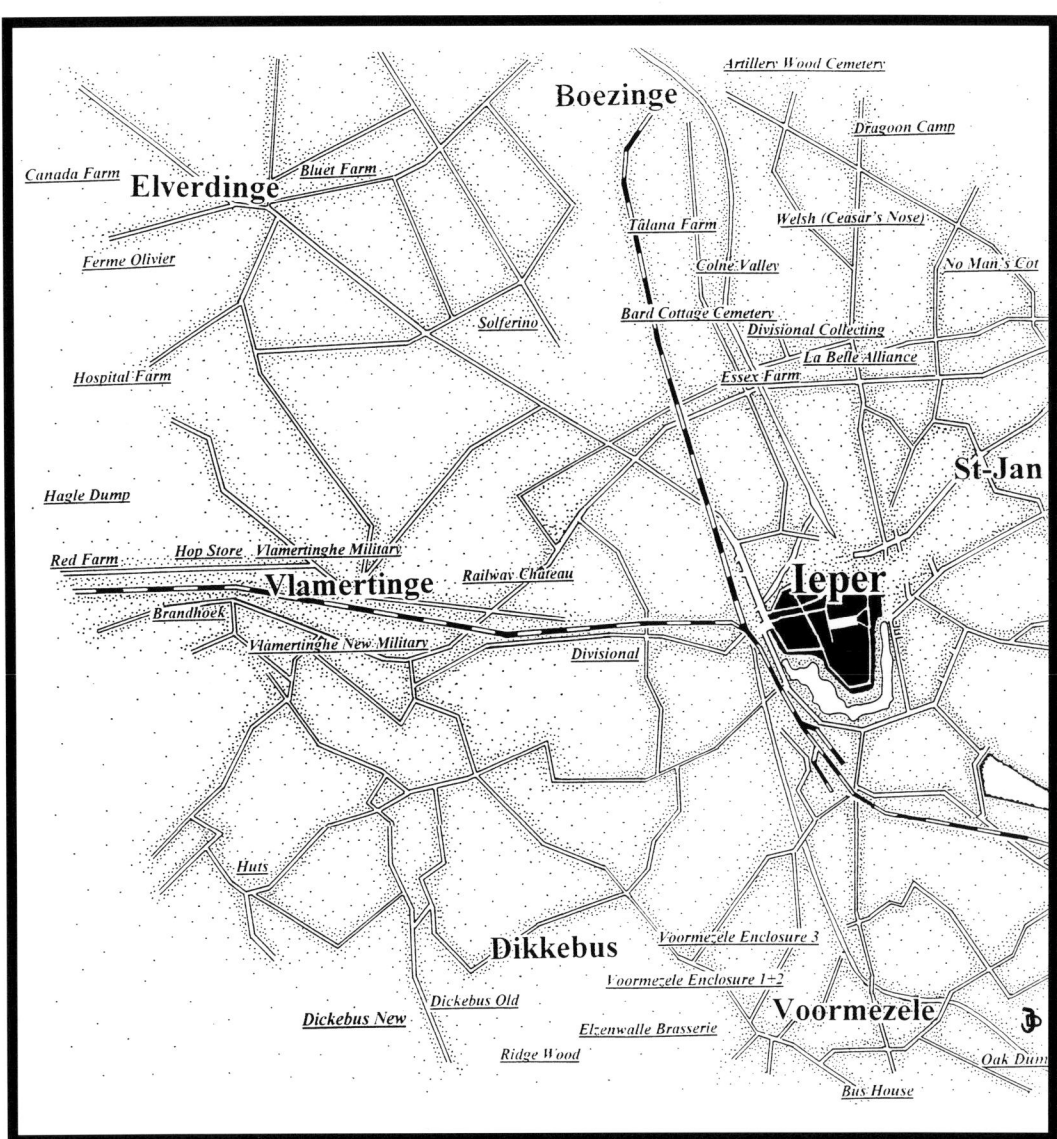

Artillery Wood Cemetery. Boezingen. De monumentale ingang.

Artillery Wood Cemetery., Boezinge

De Guards Division nam Artillery Wood op 31 juli 1917 in tijdens de slag bij Pilkem. De begraafplaats ligt een weinig noordelijk van het bos, dat niet herplant werd.

Duizendtweehonderd drieenveertig militairen uit de U.K. liggen hier begraven, evenals 30 Canadezen, 10 New Foundlanders, 5 Australiërs, 2 Nieuw-Zeelanders en 1 Zuid-Afrikaan. Het aantal onbekenden is 506. De meeste gesneuvelden werden begin 1920 naar hier overgebracht.

Onder de 34 negentienjarigen die hier begraven werden zijn er 2 tweede luitenanten (uit een totaal van 11), te weten;
- 2nd Lt Sidney Allchim   X-C-2
  3rd Bn. Queen's Own

Royal West Kent Regiment
13 december 1917

- 2nd Lt Neville Evans   V-A-1
  3rd Bn. South Wales Borderers
  16 august 1917

Vermeldenswaardig is ook Luitenant Frederick Joyce (VI-B-8) van het 3rd Bn. South Wales Borderers, die op 29 september sneuvelde en wiens vijf broers eveneens in de Ieperboog vochten.

Als officieren ligeen hier nog 6 kapiteins een een majoor. De oudste gevallene is de 47-jarige Pioneer William Sutcliffe (VI-A-7) van de Royal Engineers die op 9 januari 1918 sneuvelde.

A BURST OF SUDDEN WINGS AT DAWN,
FAINT VOICES IN A DREAMY NOON,
EVENINGS OF MIST AND MURMURINGS,
AND NIGHTS WITH RAINBOWS OF TE MOON.

FRANCIS LEDWIGE

F.E. Ledwige was een begaafd dichter uit Janeville, een gehucht 45 kilometer ten noorden van Dublin. Als gevolg van een mislukte relatie nam hij dienst bij het Royal Inniskilling Fuseliers en sneuvelde in de derde slag om Ieper op 31 juli 1917. Ledwidge werd in het Artillery Wood Cemetery in Boezinge begraven.

Een beroemdheid uit de Engelse literatuur die op Artillery Wood begraven ligt is de dichter Ledwige.

- L. Cpl. Francis Ledwige   II-B-5
  1st. Bn. Roy. Inniskilling Fusiliers
  31st July 1917 - Age 29

Francis Ledwige werd geboren te Slane, County Meath, in augustus 1887 in een kroostrijke Ierse familie. Zijn vader stierf wanneer Francis vijf jaar oud was en de familie leefde verder in armoede. Hij verliet de school op zijn veertiende en werkte eerst als hoeveknecht, later bij de wegenbouw.

In zijn vrije tijd schreef hij en zijn eerste gedichten die in 1910 in boekvorm werden uitgegeven. In oktober 1914 nam Ledwige dienst in de 5th Bn Royal Inniskilling Fusiliers en het jaar daarop diende hij in Gallipoli.

Ziek geworden in 1916 werd hij naar Engeland geëvacueerd en later getransfereerd naar het 1e Bn, waarmee hij vocht bij Arras en bij Ieper. Hij werd op 31 juli 1917 op slag gedood bij Boezinge door een inslaande bom. Hij is een van de grote Great War poëts. Op vrijdag 31 juli 1998 werd in de Poezelstraat, dicht bij zijn graf, een gedenkplaat geplaatst.

- Pte. Ellis Humphrey Evans   II-F-11
  14th. Bn. Royal Welsh Fusiliers
  31st July 1917 - Age 30
  y prifardd   HEDD WYN

Evans was een bekende Wales dichter die op dezelfde dag als Francis Ledwige stierf.

HEDD WYN EN DE ZWARTE TROON VAN BIRKENHEAD

De Welshe dichter Hedd Wyn (letterlijk vertaald de Lichtende Vrede) (Ellis Humphrey

Het graf van dichter Ellis Humphrey Evans in Artillery Wood Cemetery.

Evans) werd geboren in Yr. Ysgwrn, Trawsfynydd, op 13 januari 1887. Na school hielp hij zijn vader op de boerderij. Hij had een voorliefde voor poëzie en vanaf zijn 19e nam hij regelmatig deel aan eisteddfodau (poëziewedstrijden). In 1916 werd hij tweede op de Nationale Einsteddfod te Aberystwyth.

Begin 1917 meldde hij zich voor het 15de Bataljon van de Royal Welch Fusiliers, dat in juni naar Frankrijk trok. Hedd Wyn sneuvelde bij de Hoogte van Pilkem op 31 juli, de eerste dag van de Slag om Passendale.

In september 1917 won hij postuum de Troon van de Nationale Einsteddfod te Birkenhead. Toen bekend werd gemaakt dat de laureaat was gesneuveld, werd tot grote verslagenheid bij het publiek, een zwart kleed over de Troon gelegd. De bekroonde inzending, getiteld *A Yr Arwr* (De Held), legt een band tussen de Prometheus-mythe en de christelijke symboliek. In zijn geboortedorp Trawsfynydd werd in 1923 een standbeeld onthuld dat de dichter als schaapherder voorstelt.

De Zwarte Troon van Birkenhead werd samen met de andere trofeeën van Hedd Wyn tentoongesteld in de familieboerderij. De Troon werd ontworpen en vervaardigd door de Vlaamse kunstenaar Van Fleteren uit Mechelen.

- Hie restant corpus meum nune spiritus illis quos amivi semper cavec - Age 27
- Resting waiting for the comming of the King of Kings. Age 20

Bard Cottage Cemetery, Boezinge

Bard Cottage was een huis staand tussen de baan (halfweg Ieper-Boezinge) en het kanaal, dichtbij een brug genaamd Bard's causeway. Vanaf juni 1915 tot oktober 1918 werden hier vooral de gevallenen van de 49th (West Riding), 38th (Welsh) divisies en andere eenheden begraven.

Duizend zeshonderd negenendertig zerkjes: U.K - 1615, Can. - 9, N. Foundland - 6, S. Afr. - 2, Br.West Indies - 3, D. - 4 De familienaam Jones komt 29 maal voor, Smith 27 maal.

De leeftijd van de hier begraven gesneuvelden varieerd tussen de 17 en de 46 jaar. Er zijn drie 17-jarigen, tien 18-jarigen, tweeenzeventig 19-jarigen. Wat betreft de oudsten (!) groep treffen we drie 41-jarigen aan, acht 42-jarigen, één 43-jarige, twee 44-jarigen, éé, 45-jarige en één 46-jarige.

De 17-jarigen zijn;
- Priv. Richard Ashton   I-G-13

3rd Bn. Monmouthshire Regt.
30 September 1915

- Priv. William Martin   II-K-6
1st Bn Royal Newfoundland Regt.
8 July 1917

- Priv. William Mulcahy   III-F-27
"B" Coy. 13th Bn. Welsh Regiment
21 July 1917

De 46-jarige is:
- Regimental Sergeant-Major Frederick Frampton   II-F-2
65th Heavy Art. Group
Royal Garrison Artillery
24 August 1917

Bij het officierenkorps vinden we:
54 tweede luitenanten

- 2nd Lt Francis Faithfull   VI-C-27
3rd Bn. Sleaford Highlanders
3 July 1915
(Faithfull was pas 18 jaar)

- 2nd Lt E. Goodfellow   I-L-1
3rd Bn. Trench Mortar Bty.
Connaught Rangers
20 February 1916
De 29-jarige Goodfellow werd in Rapalwindi (Indië) geboren en was één van de 342 studenten van Eton College Public School die in de Ieprboog sneuvelden. Hij was ingenieur bij de Burma Railways Coy.

Er zijn ook 21 Luitenanten;
- Lt John Elderkin   III-H-6
"A" Bty. 59th Bde.
Royal Field Artillery
3 September 1917
Elderkin (30j) overleed aan zijn verwondingen na de Slag om Ieper. Hij had reeds in Gallipoli (Egypte) en aan de Somme gevochten.

De ingang van Bard Cottage Cemetery in Boezinge

- Lt John Wright   VI-C-2
  "C" Bty. 157th Bde.
  Royal Field Artillery
  24 February 1918
John Wright nam reeds dienst bij het uitbreken van de oorlog.

17 Kapiteins
4 Majoors
1 Luitenant-Colonel

- Lt.-Col. Alfred Horsfall DSO   V-A-27
  2nd Bn. Duke of Wellington's
  (West Riding Regiment)
  9 October 1917

- Sgt Arthur Griffiths
  2nd Bn. South Staffordshire Regiment

Labour Corps
11 August 1917
De 44-jarige Griffiths sneuvelde bij Ieper Hij kreeg de *Long service and Good Conduct Medal* en had er reeds 24 jaar dienst bij hetzelfde regiment op zitten toen hij sneuvelde.

- Priv. William Williams   II-C-2
  Royal Welch Fus.
  20-2-1917
  age 27
  Gweill angau na chywilydd
  (Better death than dishonour)
  (*Liever dood dan oneer*)

Er is een Special monument tussen de perken V en VI op het einde van de begraafplaatsrechts.

9

- Lance Corporal Johnny Israel   IV-E-35
  13th Bn. Welsh Regiment
  3 September 1917
De 43-jarige Israel had nog twee zonen in het Britse leger.

- Reverend Walter Wilks   V-A-1
  Chaplain 3rd Class
  4 October 1917
Eerwaarde Wilks werd dodelijk gewond door een granaatscherf in Poelkapelle toen hij een stervende bijstond.

- Thy love to me was wonderful. Age 19
- In a hallowed spot in a far off land sleeps darling soldier son. Age 21
- Love is stranger than death.

Bleuet Farm Cemetery, Elverdinge.
Bleuet Farm was een hulppost. De begraafplaats dateert van juni tot december 1917 en heeft 456 graven.
Er liggen 450 Britten (148 behoren tot de Foot Guards of het Machine Gun Regiment), 3 Zuid-Afrikanen, 2 Canadezen en 1 Duitser (Lt. Karel Voss)

- Priv. H.J. Cobb   I-F-8
  1st Bn. Coldstrean Guards
  15 July 1917
De 17-jarige Cobb is de jongste op dit kerkhof.

- Priv. William Storey   II-C-2
  104th Coy
  Machine Gun Corps
  15 January 1918
Storey kwam door verdrinking om het leven.

Onder de 12 negentienjarigen die op deze dodenakker rusten, zijn er twee 2nd Lt (uit een totaal van 8) en 1 Lt (uit een totaal van 6).

- 2nd Lt John Henry   II-C-6
  7th Sqdn

Royal Air Service
28 September 1918

- 2nd Lt Ernest Winton   II-B-35
  2nd Siege Baty.
  Royal Garrison Artillery
  15 December 1917

- Lt Brian Dunlop   I-F-17
  3rd Coy. 3rd Bon.
  Grenadier Guards
  31 July 1917

Pioneer Robert Cust (I-C-44) van de Royal Engineers die sneuvelde op 31 augustus 1917 werd 53 jaar. Pte. Basil Bull (I-B-27) van het 3rd Bn. Canadian Labour Corps die op 1 augustus 1917 omkwam werd 50 jaar. Verder ligt hier nog 1 45-jarige en 2 42-jarigen.

Er liggen drie terechtgestelden, twee voor desertie en één (Slade) omdat hij weigerde mee aan te vallen op 26 oktober 1917 tijdens de Slag van Passendale.

- Pte. Thomas Hawkins   II-B-12
  7 th Queens (22 november 1917)

- Pte. Arthur Westwood   II-B-13
  8 th East Surreys (23 november 1917)

- Pte Frederick W. Slade   II-B-33
  2/6th (2nd City of London)
  14 december 1917

- When days are dark
  and friends are few
  It is then dear son
  we will think of you. Age 19

Boezinge Chuchyard
Op de burgerlijke kerkhoven van meerdere steden (zoals De Panne, Harelbeke, Roeselare, en andere) en dorpen bevinden zich graven van

Bleuet Farm Cemetery, Elverdinge.

Britse gesneuvelden uit de Grote Oorlog. Ook deze graven worden door de Commonwealth War Graves Commission onderhouden.

Op het burgerlijk kerkhof van Boezinge liggen 15 Britse gesneuvelden begraven (Eén onder hen is een slachtoffer van de Tweede Wereldoorlog)

Eén zerkje draagt als opschrift:
Captain Edward Urquhart 1st Bn. Black Watch, killed in action 23rd October 1914. Age 37

- In memory I see him just the same as long as I live. I will treasure his name.
- Resting where no shadows fall. In perfect peace he awaits us all. Age 19
- In God's own time our eyes shall see the face we loved so well. Age 19. Mum.

Brandhoek Military Cemetery, Vlamertinge
Brandhoek lag in betrekkelijk veilig gebied dat eindigde aan de kerk en buiten bereik van de Duitse veldartillerie was. Vanaf 1915 waren er voortdurend veldambulanties geposteerd.

In een veld palend aan een hulppost, werd in mei 1915 de begraafplaats aangelegd. Ze werd gesloten in juli 1917. Zeshonderd vijfen zeventig gevallenen liggen hier begraven waarvan: 600 Britten, 63 Canadezen, 4 Australiers, 2 uit Bermuda, en 2 Duitsers. Vier zijn onbekend.

De jongste gesneuvelde (15 jaar) hier is:
- Gunner Charles W. Jenkins   I-J-A
  40th Bde.
  Royal Garrison Artillery
  24 May 1915

Zeventienjarigen:
- Pte Edward Brown   II-A-11
  "B" Bty. 76th Bde.
  Royal Field Artillery
  6 April 1916

- Pte. James Eldershaw   II-C-5
  5th Com. Mounted Rifles
  3 June 1916

- Pte. William Rankin   II-D-11
  Royal Canadian Regiment
  24 April 1916

- Pte Frank Williams   II-D-5
  49th Bn. Canadian Inf.
  14 April 1916

Achttienjarigen:
- Pte Frank Boddy   I-G-3
  4th Bn. Royal Fuseliers
  Age 18
  26 September 1915

- Pte Frederick Brand   II-F-3
  16th Sqdn Royal Flying Corps
  Age 18
  13 June 1916

- Pte. Robert Chambers   I-E-20
  7th Bn. Border Regiment
  Age 18
  13 September 1915

- Pte. Joseph Conelly   I-A-2
  1st Northhumberland Field Amb.
  Royal Army Medical Corps
  15 June 1915

- Pte. John Groom   II-H-7
  42nd Bn. Canadian Infantery
  3 August 1916

- Pte James Kennedy   I-L-7
  12th Bn. Highland Light Infantry
  27 June 1917

- Pte Charles Maskell   I-B-14
  1st Bn. Argill and Sutherland Highlanders
  12 May 1915

Brandhoek New Military Cemetery, Vlamertinge. Het graf van Captain Chavasse

- Driver Edward Mason   I-N-19
Royal Field Artillery
23 July 1917

- Lt Ronals Ochs   I-B-25
4th Bn. Middlesex Regiment
26 September 1915

- Pte. Albert Sharman   I-D-25
2nd Bn. Suffolk Regiment
21 September 1915

- Driver Aubrey Shillcock   I-M-35
"B" Bty. 177th Bde.
Royal Field Artillery
19 July 1917

- Sapper Oswald Tomlin   II-F-14
Royal Engineers
1 July 1916

- Pte R.W. Wray   II-K-5
58th Bn. Canadian Infantery
20 August 1916

Er zijn hier in totaal 22 negentienjarigen begraven. Boven de veertig jaar tellen we 3 41-jarigen, 1 42-jarige, 5 43-jarigen, 1 44-jarige en 1 45-jarige.

- Maj. Walter Titchison (51)   I-N-2
Scottish Horse
12 July 1917

- Lt-Col. James Clarck   I-B-19
(Commander of the Bath)
9th Bn. Argill and Sutherland Highlanders
10 May 1915

- Brig. Gen. Frederick Heyworth II-C-2
(C.B.-D.S.O.)
Commander 3rd Guards Brigade
9 May 1916

- Second Lieutenant Rowland T. Cobbold (I-F-19) diende in de 6th Battery R.F.A., wanneer hij sneuvelde op 25 september 1915, drieëntwintig jaar oud. Hij kwam naar Engeland vanuit Argentinië om zich vrijwillig te melden.

- Second Lieutenant J.I.Leeds (I-D-2), die sneuvelde op 19 september 1915, achtentwintig jaar jong, kwam in september 1914 terug uit Argentinië om dienst te nemen in de 1st Honourable Artillery Company.

- Private George Mascord (I-E-5) stierf aan verwondingen op 20 september 1915, op 26 jarige leeftijd.

Hier liggen ook vier hogere officieren met vele jaren dienst begraven:
- Brigardier General F.J. Heyworth   II-C-2
C.B.(orde van de kouseband) D.S.O.
Scots Guards. Stierf op 9 mei 1916.

- Lieutenant Colonel C. Conyers   I-C-21
Kwam op 12 mei 1915 op 46 jarige leeftijd om het leven tijdens een charge van de 2nd Leinsters op St.-Elooi. Hij was een "*Boer War Veteran*".

- Lieutenant Colonel J. Clark   I-B-19
C.B. (orde van de kouseband) Ligt achter Conyers begraven en stierf twee dagen vroeger - op 10 mei 1915 - op zijn zesenvijftigste. Hij diende in de 1/9th Bn Argyll and Sutherland Highlanders) Hij is de oudste die hier begraven ligt.

- Vlakbij ligt ook Lieutenant Colonel A.F. Sargeaunt (I-D-20) van de Royal Engineers. Hij overleed op 31 juli 1915, op zijn vierenveertigste.

Twee officieren van de observatiedienst (R.F.C. Balloons) liggen naast mekaar begraven: Lieutenant T.F. Lucas (I-L-1) en Captain Edward Arthur Wickson (I-L-2) van de 20e compagnie werden op 16 juli 1917 gedood toen hun ballon naar beneden stortte. Zij waren twee dertigers.

- In plot II, rij H liggen twaalf mannen van het 42nd Bn Canadian Infantry (Highlanders) die op 3 augustus 1916 omkwamen.

- Gunner (kanonnier) Charles W. Jenkins (1-J-A) van de 40th Bde. Royal Garrison Artillery sneuvelde als vijftienjarige op 24 mei 1915 en is daarmee de jongste gesneuvelde hier.

Private George Albert Lewis (I-F-7) van de 1st Bn. Welsh Guards, stierf op 22 maart 1916 aan zijn verwondingen. Hij werd eerst geweigerd voor de dienst om gezondheidsredenen en liet zich opereren om te kunnen "*dienen*".

In juli 1917, bij het Britse offensief in Vlaanderen, werd met de aankomst van de 3e (Australische), 32e en 44e C.C.S. (Casualty Clearing Stations) het New Cemetery geopend. Alle graven dateren van juli en augustus 1917 Het zijn: 513 Britten, 11 Australiërs, 6 Canadezen en 28 Duitsers.

Het meest bezochte graf is zonder twijfel dat van Capt. Noël Godfrey Chavasse, V.C. and bar - M.C.   III-B-1 Royal Army Medical Corps attd. 10th (Scottish) Bn. The King's Liverpool Regt.) Died of wounds 4th Aug. 1917. - Greater love hath no man than this that a man lay down his life for his friends.

Capt. Doctor Noël Chavasse kreeg zijn eerste V.C. bij Guillemont in de Somme. Gedurende twee nachten en één dag ging hij - alhoewel gekwetst in de zijde - gewonden van het Liverpool Scottish Regt. onder voortdurende beschieting ophalen in niemandsland en redde zo menig leven.

Op 31 juli 1917 werd hij bij het begin van de derde slag bij Ieper zwaar gewond aan het hoofd. 's Anderendaags werd hij opnieuw aan het hoofd geraakt. Desondanks werkte hij verder en redde verscheidene gewonden. In een veroverde Duitse stelling werd hij dodelijk geraakt door een granaatscherf. Hij ligt recht voor het Cross of Sacrifice begraven.

Zijn ouders, Francis-James Chavasse en Edith-Jane Maude, hadden 7 kinderen. Onder hen een tweeling, Christopher en Noël, geboren in Oxford op 9 november 1884. In juli 1912 beëindigde Noël zijn studies van geneeskunde-chirurg. Als lid van het Royal Army Medical Corps werd hij in 1913 ingelijfd in het 10th Batallion of the King's (Liverpool Regiment), the Liverpool Scottish. Niet veel later waren de vier broers Chavasse allen onder de wapens.

Bij het begin van de Eerst Wereldoorlog arriveerde Dr. Noël Chavasse met zijn regiment, the Liverpool Scottish, in Vlaanderen. Hun vuurproef kwam op 16 juni 1915 bij de "*Slag om 't Hooge*" (de eerste slag bij Bellewaerde). Van de 23 officieren en 519 sodaten van het Liverpool Scottish kwamen slechts 2 officieren en 140 manschappen ongedeerd uit de strijd.

De regimentshistoricus schreef in zijn verslag: "*Eén groep verdient een speciale vermelding voor zijn gedrag tijdens en na de strijd, namelijk het bataljon brancardiers. Zij werden geïnspireerd door het bezielend voorbeeld van dokter luitenant Noël-Godfrey Chavasse, wiens onophoudelijke inspanningen door persoonlijk zoeken tussen de linies, het leven van talrijke gewonden hebben gered*". Hiervoor kreeg hij op 7 juni 1916 op Buckingham Palace uit handen van de Koning een "*Military Cross*".

De slag bij Guilemont in Frankrijk, tijdens de Sommeslag, in 1916 kostte aan zeer velen het

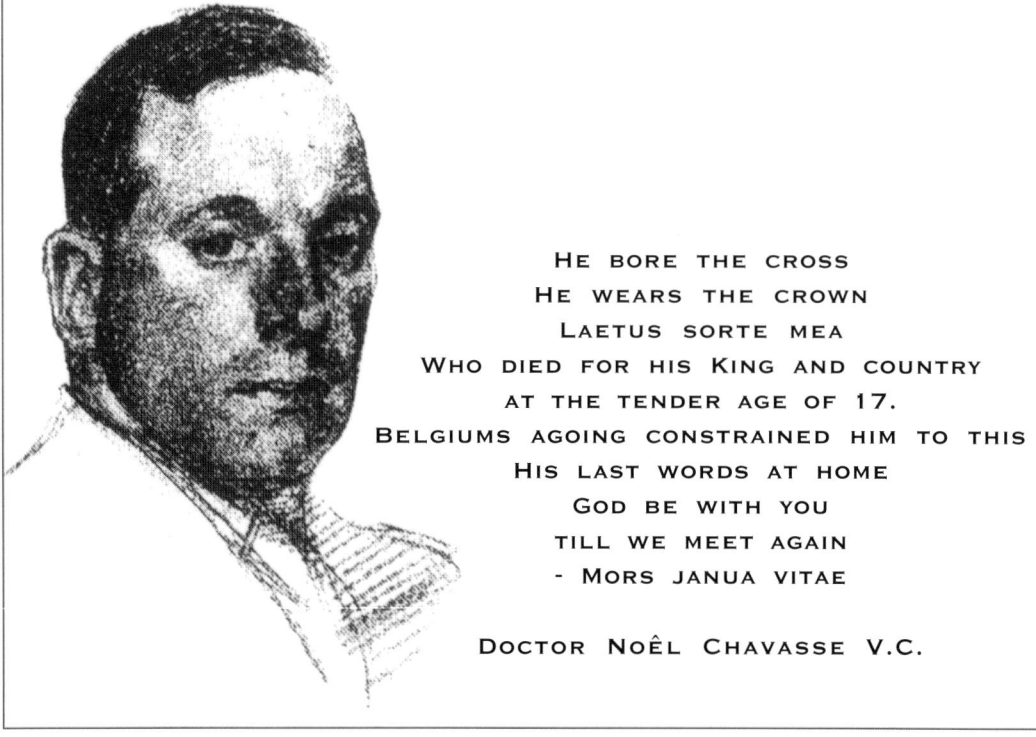

He bore the cross
He wears the crown
Laetus sorte mea
Who died for his King and country
at the tender age of 17.
Belgiums agoing constrained him to this
His last words at home
God be with you
till we meet again
- Mors janua vitae

Doctor Noël Chavasse V.C.

leven. Ook hier onderscheidde Noël Chavasse zich. In de "*London Gazette*" van 26 oktober 1916 lezen wij dat hem hiervoor het "*Victoria Cross*" werd verleend . "*Tijdens een aanval verzorgde hij de hele dag gewonden op het slagveld, dit onder hevig vuur en soms oog in oog met de vijand. Tijdens de nacht ging hij op het slagveld op zoek naar gewonden, zelfs tot vlak voor de vijandelijke linies en dit gedurende vier uur. De volgende dag nam hij een brancardier mee naar de vooruitgeschoven loopgraven en onder hevig vuur bracht hij zwaargewonden in veiligheid, al was hij zelf getroffen door een granaatsplinter. Diezelfde nacht trok hij met een groep betrouwbare medewerkers er op uit en redde drie gewonden uit een krater op nauwelijks 25 meter van de vijandelijke loopgraaf. Hij begroef de li-*chamen van twee officieren en verzamelde veel iedentiteitsbewijzen, terwijl hij bestookt werd door bommen en machinegeweren. Alles bij elkaar redde hij de levens van ongeveer twintig zwaargewonden, zonder rekening te houden met de gewone verzorgingen die hij verrichte. Zijn moed en zelfopoffering waren buitengewoon.*" Om de vereremerking te vieren werd op 28 oktober 1916 op het Kasteel van Elverdinge aan Dr. Captain Noël Chavasse door zijn medeofficieren een uitgebreid diner aangeboden.

De Liverpool Scottish werden ingezet in de omgeving van Passendale tijdens de derde slag om Ieper. Captain Chavasse werd tot tweemaal toe gewond. Niettegenstaande ernstige verwondingen weigerde hij resoluut te worden geëvacueerd.

Op 2 augustus 1917 werd hij zwaargewond door een granaat die in zijn nabijheid explodeerde. Door een gapende buikwonde verloor hij veel bloed en werd onmiddellijk overgebracht naar het Casualty Clearance Station 32 op de Brandhoek te Vlamertinge. Een hospitaal dat gespecialiseerd was in buikwonden. De splinter werd operatief verwijderd, maar spijts de beste zorgen bezweek Dr. Captain Noël Chavasse op 4 augustus 1917 om 13 uur.

Op 14 september 1917 werd de "Bar", (een tweede Victoria Cross) bij het Victoria Cross aangekondigd in de "London Gazette": "Niettegenstaande ernstige verwondingen opgelopen in het begin van de actie, terwijl hij een gewonde soldaat naar de hulppost droeg, weigerde hij om zijn post te verlaten en twee dagen lang ging hij niet alleen door met het vervullen van zijn plichten, herhaaldelijk en onder hevig vuur ging hij op zoek naar gewonden en verzorgde ze. Door deze buitengewone energie en bezielend voorbeeld speelde hij een belangrijke rol in de redding van vele gewonden, die anders ontegensprekelijk zouden bezweken zijn in de barre weersomstandigheden. Deze toegewijde en dappere officier is nadien aan zijn verwondingen overleden".

Slechts aan drie personen werd tweemaal het V.C. verleend. Het waren:

Arthur Martin Leake, chirurg - kapitein RAMC. Hij verkreeg het V.C. op 8 februari 1902 te Vlakfontein (Zuid-Afrika) en de "bar" op 12 november 1914 te Zonnebeke, telkens voor het terughalen of verzorgen van gewonden tussen de linies.

Noël Godfrey Chavasse.

Charles Upham, 1st Canterbury Regt., New Zealand Expeditionary Force.
Die verkreeg het V.C. op Kreta op 30 mei 1941 en zijn tweede V.C. of "bar" te El Ruveisat (Noord Afrika) op 15 juli 1942, telkens voor zijn moedig optreden. Alhoewel hij telkens gewond werd, weigerde hij zich te laten evacueren.

- Pte James Aulinne Gray   III-F-8
  108th Field Amb.
  Royal Army Corps
  Age 17
  9 August 1917
Gray nam vrijwillig dienst op zijn veertiende.

- Bombardier George Legg   I-D-6
  "A" Bty. 277 Bde.
  Royal Field Artillery
  Age 18
  27 July 1917

- Pte. Robert Walsh   VI-F-1
  1st Bn. Royal Munster Fuseliers
  Age 18
  12 August 1917

- 2nd Lt George Oliver   I-A-3
  8th Bn. The Cameronians
  Age 27
  31 July 1917
Oliver overleed nadat hij voor de derde maal gewond werd.

- Rev. F.R. Harbord   V-A-1
  Chaplain of the Forces
  Age 49
  8 August 1917
Was priester in Dunchurch, Rugby.

Er liggen hier ook 2 Lieutenant Colonel's begraven:
- Lt. Col. Thomas Boardman DSO
  8th Bn.
  Royal Inniskilling Fuseliers
  Age 40
  5 August 1917

- Lt. Col. J.C. Russel DSO   III-F-1
  9th Hodson's Horse Indian Army

Verder liggen hier nog 23 2e luitenanten, 13
luitenanten, 6 kapiteins en 2 majoors. Er zijn
slechts 4 man die ouder dan 40 jaar werden; 2
van 41 jaar, 1 van 42 jaar, 1 van 44 en
natuurlijk Reverend Harbord die met zijn 49 de
oudste was.

- Capt. Thomas Shillington   II-E-31
  9th Bn. Royal Irish Fuseliers
  108th Brigade
  36th (Ulster) Division
  Age 19
  18 August 1917

- Maj Horace Clare   III-A-22
  "A" Bty. 245th Bde.
  Royal Field Artillery
  Age 21
  29 April 1918
Clare werd in Kingston op Jamaica geboren en
was *Ridder in de orde van de kroon* van Italië.

- Maj. Henry Murray   I-C-8
  9th Bn. Black Watch
  Age 36
  23 August 1917
Murray had reeds in de Boer War gediend.

-A place is vacant in our heart.
 The voice we loved is still.
-There is some corner of a foreign field
 that is for ever England.
-We have loved him during life.
 Let us not forget him after death.
-In our to- morrow he gave us to- day.
-The absence of a loved one.
 bring many a silent tear.
-Thy mission nobly done
 Glory and honour won
 now take thy rest.

Brandhoek New Cemetery nr. 3

Het New Cemetery nr 3 werd in augustus 1917
geopend en werd gebruikt voor de bijzetting
van gekwetste soldaten, die overleden in de
C.C.S. (casualty clearing stations) op de Brandhoek.

De bronzen ingangspoort is een geschenk van
de familie van lieutenant A.H.Strutt (IV-A-5)
van de 16th Bn Sherwood Foresters die op 27
april 1918 stierf aan zijn verwondingen opgelopen aan de Bluff.

Er liggen hier 849 Britten begraven, 46 Australiërs, 54 Canadezen, 18 New-Zealanders,
5 Zuid-Afrikanen, 1 van het British West
Indisch Regiment en 1 Chinese Labour Corps
(gestorven in 1917).

Er is één onbekende: Sec. Lt. Royal Dublin
Fusiliers II-E-29 totaal 975.

Twee hoge officieren liggen hier begraven :
Lieutenant Colonel T.C.Irving DSO   I-N-26
stafofficier bij de 4th (Canadian) Division
Engineers, sneuvelde op 29 oktober 1917 in de
ouderdom van 38 jaar.

Lieutenant Colonel S.J.Somerville   II-F-17
Hij stierf - 46 jaar oud- aan zijn verwondingen
opgelopen aan de Steenebeek op 16 augustus
1917 en diende in de 9th Bn Royal Irish Fusiliers. Zijn zoon sneuvelde in de Sommeslag
van 1917 en ligt begraven in Authuille Military Cemetery.

Een andere droeve geschiedenis is die van een
RAMC man (medisch korps). Corporal W.
Bahgate (II-B-10) van het 113th Field Ambu-
lance, overleefde de op 15 augustus 1917
opgelopen verwondingen niet en werd door
zijn broer Robert (sergeant 112th Field Amb.)
in het graf gelegd.

De oudsten die hier begraven liggen zijn de 53-jarige c.q.m.s. (Company quartermaster sergeant) Harry Freestone en de Pte West.

- C.q.m.s. Harry Freestone   I-L-8
  Army Service Corps
  15 October 1917

- Pte. West   II-L-6
  5th Army Remount Sect.
  Army Service Corps
  10 October 1917

Er ligt 1 zeventienjarige:
- Gunner Maitland Goring   II-M-4
  4th Div. Ammunition Col.
  Canadian Field Artillery
  19 October 1917

Er liggen ook 6 achttienjarigen:
- Pte. Thomas Chesworth   1-G-29
  1st/6th Bn.
  The Kings Liverpool Regiment
  17 September 1917

- Gunner B.L. Crawford   1-M-7
  3rd Division Ammunition Col.
  Canadian Field Artillery

- Pte; Clarence Fowle   I-F-25
  1st Regiment South African Infantry
  20 September 1917

- Pte. David Fryatt   III-D-13
  2nd Bn. Worchertershire Regiment
  20 May 1918

- Pte. Dan Jones   III-E-13
  11th Bn. Leicestershire Regiment
  27 May 1918

- Pte. Edgar Stooke   I-O-9
  2nd Bn. Sherwood Foresters
  26 April 1918

Als opmerkelijke gesneuvelden vermelden we de 27-jarige 2nd Lt Douglas Miles van de 9th Bn. Royal Fuseliers die afkomstig was van Kingston in Jamaica en waar zijn vader de hoogste post had op het Ministerie van Belastingen en de eveneens 27-jarige Luitenant R. Stevenson van de Black Watch die als *Primus Inter Pares* met "First Class Honours" afstudeerde aan de universiteit van Glasgow.

Bus House Cemetery, Voormezele
Driehonderd London General Omnibus Company B-type (double-decks) waren in gebruik in Vlaanderen en Noord-Frankrijk. Eén van die bussen die manschappen van de London Scottish op 31 oktober 1914 naar Wijtschate bracht om er ingezet te worden tegen Mesen, leed er met pech af te rekenen. Een nabijgelegen hofstede, kantine van het Britse leger, kregen toepasselijk de naam "*Bus House*".

De begraafplaats heeft volgende zerkjes: 192 Britten, 10 Australiërs, 1 Nieuw-Zeelander, 2 Canadezen, 1 Br.-W.en 12 onbekenden.
Er liggen hier ook 79 gesneuvelden van het Britse Expeditieleger (+ 2 Fransen), dat in mei 1940 in wanorde naar Duinkerke terugtrok, begraven.

Als versiering hebben wij hier de "*Tulip Tree*". Op de achtergrond van het kerkhof zien we de kerk van St-Medardus Wijtschate.

De jongste:
- Priv. Rayner Jowitt   Spec. Mem. B1
  7th Bn. Seaford
  Age 18
  11 April 1916

En de oudste:
- Priv. W. Collins
  23rd Bn. Middlesex Regiment
  Age 45
  7 June 1917

- As a baby we nursed him
  As a boy loved him
  As a man he died for England.
- Such graves as his are pilgrim - shrines.

Canada Farm Cemetery, Elverdinge

De Britten gaven een hofstede op bijna 1 km zuid-westelijk van de baan Poperinge-Woesten de naam Canada Farm. Het was een hulppost van juni tot oktober 1917 en op het aangrenzende kerkhof treffen we soldaten die in de herfst van 1918 in de Farm overleden tijdens het Vlaanderen offensief. De begraafplaats telt in toaal 907 graven waarvan U.K. - 881 Britten, 5 Canadezen, 4 New Founlanders, en 19 ingezetenen van de British West Indies.

De jongsten hier begraven waren amper 18 jaar oud:
- Gunner Bruce Casson   III-E-23
  "L" Battery
  Royal Horse Artillery
  4 August 1917

- Private John Doran   III-C-41
  1st Bn. Royal Newfoundland Regiment
  23 september 1917

- Private James Orwin   I-D-18
  1st Infantry Labour Company
  Durham Light Infantry
  16 July 1917

- Private Ernest Williams   II-F-28
  14th Bn. Welsh Regiment
  15 August 1917

- Acting Bombardier William Williams II-C-6
  "C" Battery 121st Bde.
  Royal Field Artillery
  18 August 1917

Lt. Col Frank Morris DSO (II-H-1) van het 1st Bn. Border Regiment is met zijn 48 jaar de oudste die hier begraven is. Hij was de zoon van Maj. Gen. Robert Morris die in het Indian Army streed en sneuvelde op 16 Augustus 1917.

- Lt. Col. Eric Greer MC   II-E-2
  2nd Bn. Irish Guards
  31 July 1917

Verder liggen hier nog 15 kapiteins, 10 majoors en 20 luitenanten.
- Captain Louis Egerton   II-E-11
  Royal Buckinghamshire Hussars
  Age 36
  1 August 1917
Zijn broer, Lt. Col. Arthur Egerton, van het 1st Bn. Coldstream Guards sneuvelde reeds in september 1915.

- Cpl. James Llewellyn Davies V.C. II-B-18
  "C."Coy. 13 th Bn. Royal Welsh Fusiliers
  31st July 1917. Age 31
  Ever remembered by wife and family.

Hij veroverde gans alleen een machinegeweerpost, die reeds veel soldaten had uitgeschakeld. Gewond leidde hij daarop een aanval tegen een verdedigd huis en doodde daarbij een scherpschutter. Hij stierf aan zijn verwondingen op de hofstede.

- Major Lionel Gallwey Lutyens   III-G-3
  M(ilitary) C(ross)
  Royal Field Artillery - Age 28
  Killed in action at Langemark
  6th January 1918
Lutyens was de eerste die zijn batterij over Vimy Ridge bracht tijdens de verovering van deze heuvel op de Duitsers op maandag 9 april 1917.

- R.A. Carruthers   VII-A-38
  Driver (chauffeur)
  served as A. Mc Burney (diende onder de

naam van A. Mc Burney)
Royal Field Artillery
10th October 1917. Age 20

- 2nd Lt Georges C.S.Tennant   II-D-1
  Prince of Wales' Coy, 1st Bn. Welsh Guards
  3rd September 1917. Age 19

Tennant sneuvelde vòòr Langemark. Zijn biografie, getiteld "*Christopher*" (uitg. Cadoxton, Neath Wales) werd geschreven door Sir Oliver Lodge.

- Sapper Frederick Cox   III-B-43
  (Tunnelgraver)
  277 th Railway Coy.
  Royal Engineers 12-9-17. Age 43

- We often sit and think
  but an aching heart can not forget. Age 39

Second Lieutenant Georges C.S.Tennant sneuvelde op 3 september 1917 op 19 jarige leeftijd. Zijn biografie "Christofer" werd door Sir Oliver Lodge geschreven. Tennant ligt op Canada Farm Cemetery in Elverdinge begraven.

Colne Valley Cemetery, Boezinge
Deze begraafplaats werd aangelegd door het West Riding Regiment van de 49e divisie in juli en augustus 1915. Thans zijn er in totaal 47 graven voor gevallenen van de U.K.

- K.R.R.C. - King's Royal Rifle Corps (6)
- The Rifle Brigade (11)
- Duke of Wellington Regt. (28)
- "*a soldier of the great war*" (2)
- Personne ne peut avoir un plus grand amour
  Que de donner sa vie pour ses amis.

Dickebusch Old Military Cemetery,
Dikkebus
"*Old*" werd gebruikt als een frontlijnbegraafplaats in januari, februari en maart 1915. De vrije ruimte is de plaats waar 78 Franse graven waren, die weggebracht werden. Daar werden tien soldaten uit W.O.II bijgezet. Er liggen 41 Britten, 3 Canadezen en 1 onbekende Duitser.

- I die for those I love. Age 23

- Sapper Reeve - Royal Engineers
  Honni soit qui mal y pense
  (sapper - tunnelgraver)

Dickebusch New Military Cemetery, en Dickebusch New Military Cemetery - Extension, Dikkebus
In J 28 en J 29 liggen twee broers uit Montreal (Canada) begraven, die sneuvelden op dezelfde dag, 30 april 1916. Zij dienden in het 24th Bn. Canadian Infantry (Quebec Regt.) nl. Private Horace Hill (22) en Private Cyril Charles Hill (19).

21

"*New*" werd aangelegd in februari - maart - april - mei 1915 met 529 Britse, 11 Australische en 84 Canadese graven.

Meerdere onder de begravenen werden geen twintig. Zo zijn er niet minder dan zevendertig negentienjarigen.
- Gunner Willaim Priestlety   M-8
  189e Bde. Royal Field Artillery
verdronk op 17 november 1916 als 19 jarige.

De achtienjarigen zijn in totaal met acht.
- Lce Cpl. Walter John Ball   B-44
  4th Bn. South Lancashire Regt.
  1 April 1915

- 2nd Lt. Henry Bethune Campbell   A-16
  1st Bn. Argylll and Sutherland Highlanders
Campbell sneuvelde op 23 februari 1915 en was dus wel een piepjonge officier.

- 2nd Lt. Topham Hough   K-4
  8th Bn. East Yorkshire Regt.
Hough sneuvelde 'in action' op 17 januari 1916 - wij maken dezelfde bemerking als voor de 2nd Lt. Campbell.

- Pte George Howell   K-12
  'Z' Comp. 4the Bn. Royal Fusiliers
  6 June 1916

- 2nd Lt. Dudley Hurst-Brown   E-4
  129th Bty 30th Bde. Royal Field Artillery
  15 June 1915
Hij had ook pas zijn officiersstrepen verdiend

- Pte Peter Lee   I-12
  13th Bn. The King's Liverpool Regiment
  28 March 1916

- Pte Richard Pigott   M-15
  11th Bn. Royal West Kent
  21 December 1916

- 2nd Lt. Charles H.Richardson-Jones   K-16
  4the Bn. Royal Fuseliers
  11 June 1916
Charles H.Richardson-Jones woonde in Honolulu, Hawai.

Werden slechts zeventien: A-4
- Pte Walter James Havey
  12th Bn. West Yorkshire Regt.
  24 December 1915

- Pte H. Lucas   C-30
  7th Bn. King's Shropshire Light Infantry
  3 January 1916

De jongst was zestien :
- Gunner Alexander Mackenzie   D-1
  Trench Houwitzer School
  Royal Garrison Artillery
Stierf aan zijn verwondingen op 4 april 1915

Onder de 'ouderen' vanaf 40 jaar noteren wij 40 : vier, 41 : één, 42 : twee, 45 : één, 47 : één, 49 : één, te weten;
- Lce Gl. W.V. Brown   M-5
  'B' Comp. 11th Bn. The Queen's
  Age 49
  15 November 1916

Een andere Brown sneuvelde op 1 mei 1916 en werd in 1915 tweemaal gewond, te Neuve Chapelle en op Hooge

- Capt. Christopher Brown   J-36
  1st Bn. Royal Scots Fuselier
  Age 23
  1 May 1916

De hoogste in rang hier begraven was:
- Lt. Col. James Alston
  2nd Bn. Royal Irish Rifles
  Age 41
  15 April 1915

Verder liggen hier nog als officeren begraven;
2nd Lt. : 22, Lt. : 17, Capt. : 11, Maj : 2

Lance Corp. Joseph Stanley Victor Fox van de 1st Wiltshires werd voor desertie terechtgesteld op 20 februari 1915.   (D-15)

De "Extension" was in gebruik van mei 1917 tot januari 1918 voor volgend aantal graven : U.K.-520, Aust.-24, Can.-2, S.-Afr.-1, D-1, 260 onder hen behoren tot artillerie-eenheden, wat duidt op de vele artillerie-aktviteiten hier. De "C" batterie van de 2nd City of Edinburgh Brigade Royal Artillery was in mei 1917 zijn paarden aan het voederen, wanneer een granaat insloeg. Negen artilleristen werden gedood, velen gewond en de batterie hield op te bestaan.

- 3833 Corporal H. Armitage   III-G-10
  Army Cyclist Corps
  2nd August 1917. Age 39
  Also in memory of his son James
  Killed in France Sept. 2nd 1918. Age 19
  Until we meet again

De ouderdom van de meeste gesneuvelden varieert tussen twintig en veertig jaar. Eén soldaat werd veertig, Lt. Col. Wigram Clifford (20 juni 1917) van de Northhumberland Fuseliers werd 41 (III-D-11).

Twee werden 42. Eén van hen was:
- Lt. Col. Harold Belcher D.S.O.   II-D-28
  52 nd Bde. Royal Field Artillery
  8 July 1917

Eén werd 43. De oudste werd vijftig ;
- Rifleman James Douglas   I-B-7
  'A' Coy. 16th Bn. Royal Irish Rifles
  26 July 1917

Dertien soldaten werden 19. De jongste (met 18) is;

- Cpl. Ernest Willard   I-B-20
  18th Bn. King's Royal Rifle Corps
  23 July 1917

'Extension' heeft een graf van veel jonge officieren: eenendertig tweede luitenanten, elf luitenanten, acht kapiteins en vier majoors.

2nd Lt. Richard John Deane (19) van de Royal Field Artillery verongelukte op 18 juli 1917 . Zijn vader, Col. R.W. Deane was ook aan het front in de Ieperboog in de Lancashire Fuseliers.
                                                    II-D-12

2nd Lt. Alan Gordon Harper (28) van 'A' Bty. 187th Bde. Royal Field Artillery sneuvelde aan de Elzenwalle brouwerij op 1 juni 1917. Hij was professor in de plantenkunde in Presidency College te Madras (Indie) en nam dienst in 1914.   III-A-40

2nd Lt. Arthur Stuart Richardson (24) (25 juni 1917) van 13th Bty. Royal Garrison Artillery diende eerste in het medische korps. Hij was een aspirant-geneesheer aan Caius College te Cambridge.   II-B-39

Lt. Andrew Ross (39) van het Royal Army Medical Corps werd gedood door een inslaande granaat op 6 augustus 1917. Hij had geneeskunde gestudeerd aan de universiteit van Edinburgh waar hij diploma's behaalde van :
     - 11.A (Master of Arts)
     - 15.B (Master of Business)
     - 15.D (Doctor of Medicines)
Ross had een dokterspraktijk te Ashton-under-Lyne in Lancashire.

- Lieutenant Robert William Sterling   J-28
  Royal Scots Fusiliers
  Scholar of Pembroke College Oxford
  Author of Newdigate Prize Poem 1914
  Killed in action at Ypres 23rd April 1915 and
  in memory of his brother Second Lieutenant

John Lockhart Sterling,
Royal Scots Fusiliers
Killed in action at Loos.

- Pte. Bennet Arthur Frederick   H-21
Sneuvelde te St.-Elooi op 6 februari 1916 op
24- jarige leeftijd. Zijn broer Charles sneuvelde eveneens in de Grote Oorlog.

- Our beloved son of whoon we are so proud
- God is love
- Be ye ready also
- The path of duty was the way to heaven
- He did his duty and his best.

Dikkebus Churchyard
Eén van de drie Britse slachtoffers van W.O.I
die begraven werden op het burgerlijk kerkhof
van Dikkebus is Capt. Denzil Newton van de
Princess Patricia's Cannadian Light Infantry,
(P.P.C.L.I.) die de "*Orde van de Rijzende zon*"
(Japan) verkreeg.

Divisional Cemetery, Dickebusch Road,
                                    Vlamertinge
De aanleg van dit kerkhof werd in 1914 begonnen. Er waren verschillende hoofdkwartieren
van divisies in het Rozelaar kasteel of Goldfish
dichtbij, en zo werd het van april 1915 tot mei
1916 voor een tijdje gebruikt.

Het kwam opnieuw in gebruik tijdens het
Vlaanderen-offensief in 1917, wanneer hier
vooral artilleristen werden begraven. Er zijn
282 graven waaronder 188 Britse, 26 Canadese,
65 Nieuw-Zeelandse, 1 van Bermuda en 1
Known unto God.

Tien negentienjarigen liggen hier begraven.
Evenals zes achttienjarigen.

- 2nd Lt. Roy Buchon   L-21
 23rd Bty. 40th Bde. Royal Field Artillery
 27 March 1916

- Gunner Henry Ivey   L-24
 2nd Heavy Bty. Canadian Field Artillery
 28 April 1916

- Pte. Alfred Jones   H-5
 'B' Bty. 50 th Bde. Royal Field Artillery
 24 October 1915

- 2nd Lt. Lyulph Stansfeld-Smyth   F-6
 1st Bn. Wiltshire Regt.
 13 June 1915
Stansfeld-Smyth was reeds in 1914 aan het
Franse front

- Pte. John Thomas Stone   C-14
 1st Bn. Dorsetshire Regt.
 2 May 1915

- Pte. William Thomas   C-18
 2nd Bn. Duke of Wellington's Regt.
 5 May 1915

De twee oudste geneuvelden werden 46:
- Pionier Samuel Brinzell   J-16
 5th Labour Bn. Royal Engineers
 20 October 1915

- Pte. George Dixon   C-28
 2nd Bn. Sherwood Foresters
 28 September 1915

Tien zerkjes markeren in rij C - graf 18 - de
plaats waar 23 man van de 2nd Duke of Wellington (West Riding) regiment begraven werden die op 5 mei 1915, tijdens de Duitse gasaanval op Heuvel 60 omkwamen.

In rij C liggen begraven:
Lt. John Philip Beningfield (C 4) van de 59th
By. Royal Field Artillery, die op 23-jarige
leeftijd overleed aan verwondingen opgelopen
langs de Menensteenweg op 27 april 1915 en
diens broer 2nd Lt. Maurice.

B3 is het graf van private O.R. Keene van het Duke of Wellington Regiment - die 24 jaar oud - sneuvelde op 5 mei 1915. Zijn vader was reverend Rees Keene, rector van het Crossforth College in Cumberland. Zijn grafzerk heeft als epitaaf : Thou shall meet him in perfect peace.

- Non sibi sed omnibus. Age 25

Het graf van private O.R. Keene, de zoon van de rector van het Crossforth College in Cumberland

Divisional Collecting Post (and Extension), Boezinge

Divisional Collecting Post was een kleine veld-ambulance-begraafplaats voor 86 gesneuvelden uit vooral de 48th (South Midland) en 58th (2/1st London) divisies in augustus 1917 gedurende de derde slag bij Ieper (perk I - rijen A tot E).
In de "Extension", aangelegd in de beginjaren 1920, zijn drie vierden (512) van het totaal (678) onbekend.
86 + 493 = 579 Engelsen, ,102 Australiërs, 73 Canadezen, 5 Nieuw-Zeelanders, 2 New Foundlanders, 1 Zuid-Afrikaan, 1 Duitser die als onbekende gesneuveld op 28 september 1917 begraven werd.

- He died for his King and the right. No man could do more. Age 21
- Australia's best. Age 23.

Dragoon Camp Cemetery, Boezinge

Dragoon Camp was een Duits kamp, dat op 31 juli 1917 bij het begin van de derde slag bij Ieper door de 38e (Welch) divisie werd ingenomen. De begraafplaats werd geopend door de 13th (1st North Wales Pals) Royal Welch Fusiliers op 9 augustus 1917 en gebruikt tot in oktober 1917.
De oorspronkelijke benaming was House 10, of Villa Gretchen Cemetery.
Er zijn eenenzestig graven in totaal :
- Royal Welch Fusiliers: 38
- Welch Regiment: 1
- Royal Field Artillery:

waaronder; gunners
                 bombardiers
                 2 second lieutenants
                 1 lieutenant
- Guardsman - Scots Guards: 1
- Royal Engineer: 1
- A air mechanic
      Royal Flying Corps: 1
- Somerset Light Infantry: 1
- "a soldier of the great war"
- "A British private of the great war": 2

locatie midden in de velden
Good life hath but few days
but a good name endureth for ever
Eccl. ch. 41 verse 13. Age 22

Elzenwalle Brasserie Cemetery in Voormezele. Het graf van de achttienjarige Private Bond.

Elzenwalle Brasserie Cemetery, Voormezele

Ooit tierden de elzen hier weelderig. De begraafplaats werd aan de tramhalte" *Kemmel-Brouwerij*" aangelegd. Op de terreinen van de oude brouwerij werden de gesneuvelden uit de sector van februari 1915 tot juni 1916 begraven. Ook die van het veruitgeschoven front in de Slag van Wijtschate die woedde van 7 juni tot november 1917 kwamen hier terecht. Veel graven dragen het embleem van het Monmoutshire Regiment.

Er liggen 106 Britten, 41 Canadezen, 2 Brits West-Indiërs, en 5 onbekenden. Er zijn in totaal 8 perken met rijen tot 14 graven, die niet zijn aangelegd volgens datum of positie. Op perk 3 treffen we vooral manschappen van het 22nd (French) Canadian Regiment aan.

Er zijn 3 achttienjarigen en 5 negentienjarigen.

De achttienjarigen zijn:
- Pte. Bruce Ballentine   2-B-8
  8th Bn. BW1
  29 october 1917

- Pte. C.H. Bond   1A-2
  2nd Bn. Monmoutshire Regt.
  13 june 1915

- Driver Walter George Ross   5-A-2
  2nd Div. Ammunition Col.
  Canadian Field Artillery
  9 july 1916

Er liggen ook 5 zeventienjarigen;
- Rifleman R. Andrews   1-D-4
  2nd Bn. Royal Infantery Regt.
  20 april 1915

- Gunner J. Davies   1-F-5
  7th Bde. Rifle Brigade
  16 juni 1915

- Pte. Josephiat Depatie   3-B-1
  2nd Bn. Canadian Infantery
  (Quebec Regiment)
  9 august 1916

- Pte. Joseph Giroux   3-D-10
  2nd Bn. Canadian Infantery
  (Quebec Regiment)
  21 may 1916

- Pte. Frank Edwin Hinton   7-A-1
  9th Bn. Royal sussex Regiment
  29 oktober 1915

- Pte. J. Doran   2-A-4
  7th/8th Bn. Royal Irish Fuseliers
  9 mei 1917
  Doran was 42 jaar

- Our lady of victories pray for him. Age 22
- A la douce mémoire de notre fils bien-aimé.
  Age 24
- Ad dirigendos pedes vostros in viam pacis.
  Age 26

Essex Farm Cemetery, Boezinge

Essex Farm was een hofstede gelegen tussen de baan Ieper-Poperinge en het kanaal. Aan de zuidzijde werd in april 1915 een hulppost opgericht, die in gebruik bleef tot augustus 1917. Vandaar de begraafplaats. De zerkjes werden zonder speciale voorkeur aangelegd zodat de gevallenen van de divisies die deze sector verdedigden over de begraafplaats verspreid liggen. 1091 Bitten, 9 Canadezen, 83 Known unto God, unnamed 19 (dus een totaal van 102 onbekenden waarvan 99 Britten en 3 Canadezen.)

Ook 5 Duitsers liggen hier begraven, w.o. Helmuth Hansen III-G-11, Franz Heger (R.I.R. 238- 7 augustus 1916) II-Z-32 en Erich Wilms (R.I.R. 264 - 3 juni 1917) III-G-3

Essex Farm Dugout in Boezinge.

- Pte. V.J. Strudwick   I-U-8
The Rifle Brigade
14th Jan. 1916 - Age 15
Not gone from memory or from love.

Zoon van Louisa Strudwick, 70 Orchard Road, Dorking
- Wie was de vader ?
- Hij was de tweede jongste Britse gesneuvelde in de Ieperboog.

Twee onder hen sneuvelden in hun zeventiende levensjaar :
- Pte Walter Newman   III-A-17
1st Bn. Hampsire Regiment
6 August 1916

- Pte. W.H. Stoten   III-S-23
1st Bn. Hertfordshire Regiment
7 Januari 1917

Het aantal negentienjarige gesneuvelden bedraagt 43. Onder hen drie van de niet minder dan éénendertig 2ndLt. Die hier begraven werden:

- 2nd Lt. O. Adams   III-I-37
Royal Field Artillery
26 July 1916

- 2nd Lt. Charles Batty   II-C-1
10th Bn. Durham Light Infantry
19 January 1916

- 2nd Lt. Robert Mann   III-I-11
3rd Royal Welsh Fusiliers
9 October 1916

Second Lieutenant B. Maclear (30) van de 4th Bn. Grenadier Guards, geboren te Canterbury, Kent, leefde op een hoeve in Cape Province,

28

Zuid Afrika reeds sinds 1904 en meldde zich vrijwillger in augustus 1915. Hij sneuvelde op 26 juli 1916.   II-Z-19

Naast elf Luitenanten en vier kapiteins is er maar één majoor als hoogste officier:
- Major Geoffrey Barclay M C   III-A-5
  1st Bn. Rifle Brigade
  28 July 1916

De oudste is 49:
- Private John Boardman   III-V-7
  2nd Bn. Grenadier Guards
  12 July 1916

Verder één slachtoffer van 45 jaar, drie van 42 jaar en drie van 41 jaar onder boven de 40.

- Pte. T. Barratt V.C.   I-Z-8
  7th Bn. S. Staffordshire Regt.
  27th July 1917
  Age 22.
Pte. Barratt trok meerdere malen op verkenning onder het vuur van scherpschutters en schakelde die uit. Bij het achteruittrekken van zijn bataljon hield hij de vijand op. Daarbij werd hij gedood door een granaatscherf.

- Corporal D. Normington   I-M-17
  Age 22
  12 November 1915
  For the love of his wounded comrade he bravely gave his life.
Deze begraafplaats is gelegen aan "*Brielen bridge*" of "*Bridge n° 4*", waar Lt. - Col. John Mc Crae zijn wereldberoemd gedicht "*In Flanders Fields*" neerschreef. Hier ligt sapper J. Mc Crae - 124th Field Coy. R.E. (15 oktober 1916) in III-1-22 begraven.

Op de achtergrond zien wij het monument van de 49e (West) Riding Division, die ingezet werd in de slag bij Pilkem op 31 juli 1917.
- Not a drum was heard

Not a funeral note. Age 38
- Came home to serve in August 1915 from his farm in Cape Province. Age 30
- They will be done O Lord not mine. Age 18
- Darling we want you
  O how we miss you.
  Mother, father, sisters, brothers all. 19

Ferme Olivier Cemetery, Elverdinge
In het kasteel dichtbij waren meerdere hulp- en verbandposten met Field Ambulances ter beschikking. Perken I en II zijn niet volgens datum aangelegd.
In II-E liggen 41 soldaten van het 3rd Bn Monmountshire regiment , die tijdens een parade op 19 december 1915 gedood werden door een Duitse granaat afgevuurd vanuit Houthulst bos. Perk IV toont volgens datum de bezetting van het kasteel door de 38e (Welsh) divisie, de Guards divisie en eenheden van de Royal Artillery.

Hier liggen twee zestienjarigen, twee zeventienjarigen, zes achttienjarigen en zeventien negentienjarigen begraven.

16 jaar :
- Pte Harry Price   I-A-5
  113th Machine Gun Corps
  14 October 1916

- Rifleman Leonard Streatfield   II-1-4
  9th Bn. King's Royal Rifle Corps
  6 January 1916

17 jaar :
- Pte Norman Goodall   I-K-8
  'C' Comp. 1st Bn. Hampshire Regiment
  5 July 1915

- Pte W. Roberts   I-K-10
  1st Bn. Machine Gun Section
  Somerset Light Infantry
  6 July 1915

18 jaar :
- Pte Peter Boyd   II-H-3
  'A' Comp. 11th Bn.
  The King's Liverpool Regiment
  9 January 1916

- Pte Thomas Callaghan   II-E-2
  'E' Comp. 3rd Bn. Monmontshire Regt.
  29 December 1915

- Pte W.H.Kartle   I-G-6
  1th/4th Bn. Jack and Lancaster Regiment
  16 September 1915

- Pte Alfred Lord   II-K-2
  'C' Coy. 1st/6th Bn.
  West Yorkshire Regiment
  Prince of Wales's Own
  21 October 1915

- Private Laurence O'Shea   I-L-8
  3rd Bn. Royal Dubin Fusiliers
  9 June 1915

- Private Heny Taylor   II-E-2
  3rd Bn. Monmontshire Regiment

Colonel Ernest Wight (57) van 49th (West Riding) Div. Asst. Director of Medical Services - Royal Army Medical Corps sneuvelde in actie bij Ieper op 19 december 1915. Hij had de Ushai (Burma) expeditie meegemaakt in 1892. Hij had ook de bronzen Royal Humane Society medaille verkregen om een soldaat van de verdrinkingdood te redden.   II-J-4

- Lt. Col. Georges Gregor VD   III-G-20
  (Volunteer Decoration)
  1st Welsh How. Bde.
  Royal Field Artillery
  1 July 1917

- Sgt Thomas Rush   I-G-8
  3rd Bty. 1st/1st (West Riding) Bde.

Royal Field Artillery
11 October 1915

Beiden hadden reeds 22 jaar dienst in de Royal Field Artillery (Territorial).

- Lt. Col. F. Howard - MVO   I-I-1
  (Member Victorian Order)
  49th Division Royal Engineers
  9 October 1915

Verder als officieren twee majoors, 4 kapiteins, 4 luitenanten en vijftien tweede luitenanten, waaronder :

-2nd. Lt. David Carnegie   III-C-2
  'B' Bty. 122nd Bde. Royal Field Artillery
  Age 20
  2 April 1917
David Carnegie was de zoon van Ltd. Col. The Hon. Douglas Carnegie, tweede zoon van
  de 9e Earl van Northesk.

Private Robert Hope nam dienst als Hepple - in de 1/R. Inniskillings Fusiliers, zoals op het graf te lezen staat, en kreeg op 5 juli 1917 de dood met de kogel voor desertie. (III-G-12). Pte. G. Watkins (1/3 Welsh) onderging hetzelfde lot op 15 mei 1917 (III-C-12). Er liggen 409 Britten en 3 Duitse krijgsgevangenen;
- Alexander Kutscher   II-J-8
- Hans von Kendell   II-F-5
- Johann Zameitat   II-H-8

- One who never turned his back
  but marched breast forward.

Hagle Dump Cemetery, Elverdinge
Het kerkhof kreeg zijn naam Hagle Dump van een grote munitieopslagplaats in de buurt. Dichtbij was er ook een rustkamp (Detail Camp). De begraafplaats werd begonnen in april 1918 tijdens de Leieslag en werd gebruikt tot in oktober. Na de Wapenstilstand werden

perken III en IV aangelegd met 207 graven. Vierhonderd negenendertig gesneuvelden liggen hier begraven waaronder 142 onbekenden, 397 Britten, 26 Australiërs, 14 Canadezen en 2 Duitsers.

Perk I, rijen C en D herbergt vooral slachtoffers van een Duitse bom die op "Hagle Dump" - van de 10th Bn Royal West Kents- terechtkwam op 27 april 1918. Lieutenant D.F. Anderson (I-D-7) was één van de achttien dodelijk getroffen. Bovendien waren er 28 zwaar gekwetsten en een vermiste.
- Op de "headstone" van private F.C. Healy (III-E-11), 1/4th Suffolks die stierf op 25 september 1917, staat vermeld dat hij doelman was "a gamekeeper".

- Second Lieutenant A.C. Ransdale (II-G-6) (15th Bn Loyal North Lancs - 1 september 1918).

- Private William Henry Jubilee Kitchen (what's in a name?) (III-F-15) van de 1st Bn Gloucestershire Regt. Werd gedood op 1 november 1914, in zijn 27e jaar).

- Twee Duitsers, B. Limberger (28.IX.18) en Paul Richter (28.IX.18), rusten onder één grafzerk.

- Private Walter Dosset van de 1/4th (Hallamshire) York and Lancaster ("shot at dawn" op 25 juni 1918) deserteerde tijdens het Duitse Lente-offensief.   I-E-7

- Private George Aimley van de 1/4th King's Own Yorkshire Light Infantry ("shot at dawn" op 30 juli 1918) was driemaal uit zijn eenheid gedeserteerd in 1918.   II-D-5

- Awaiting the reveille. Age 21
- Our bodies may be far removed but still our hearts are one. Age 29.

Hop Store Cemetery, Vlamertinge

In een voormalig hopmagazijn waren reeds begin 1915 verschillende vooruitgeschoven hulpposten (ADS) gevestigd. De begraafplaats werd geopend in mei en vooral in 1917- met de derde slag bij Ieper - uitgebreid.

De "Hop Store" lag aan de veiligste kant van het dorp en de begraafplaats was klein door de ligging - beperkt door een haag en de gebouwen van het hopmagazijn zelf. De Royal Engineers moesten er draineringswerken uitvoeren in 1917.

Tweehonderd vijftig Britten en 1 Canadees liggen hier begraven, waaronder 58 van de Royal Artillery, wat duidt op de aanwezigheid van vele artillerieposten hier en tevens een aantal mensen van het medische korps.

- Major H.P. Philby   I-A-16 2nd York and Lancs, verdiende zijn DSO (Distinguished Service Order) op 9 augustus 1915 op Hooge en vond de dood noordoostelijk van Ieper in de nacht van 17 op 18 mei 1916. Zijn lichaam werd door zijn mannen naar hier overgebracht.

- Twee officieren sneuvelden op Frezenberg in mei 1915: Captain W.H.J. St Leger Atkinson (I-D-18) 33 jaar en Captain H. Mc Laren Lambert (I-D-17) 36 jaar.

Driver (chauffeur) Robert Lynn (30) van de 87th Battery Royal Field Artillery sneuvelde op 6 augustus 1914. Vier van zijn broers sneuvelden eveneens in de Grote oorlog. Hij ligt begraven in perk 1-rij E- graf 9.

Als jeugdige slachtoffer van de Grote Oorlog - wij trekken een lijn aan 20 jaar - zijn er veertien negentienjarigen, twee achttienjarigen en één zeventienjarige.

Zij werden achttien jaar jong :
- Pte William Crowe   I-D-26
  1st Bn. Northumberland Fusiliers
  18 June 1915

- Pte Thomas Hurst   I-E-24
  'C' Coy. 1st Bn. Royal Irish Fusiliers
  25 May 1915
Hurst werd dodelijk getroffen bij St-Juliaan en
was pas 17 toen hij sneuvelde :

- Private Thomas Loughlin   I-E-18
  2nd Bn. Royal Dublin Fusiliers
  13 May 1915

Onder de ouderen noteren wij : 40j : 2, 41j : 1,
42j : 1, 43j : 1, 45j : 2
- Acting Bombardier Harry Daws   1-C-41
  141st Heavy Bty. Royal Garrison Artillery
  24 June 1917
Harry Daws werd 48

Als officier liggen hier begraven
2nd Lt. : 5, Lt. : 2, Capt. : 6, Major : 1

Captain Hugh Makins (34) van London Regt
(Queen's Westminster Rifles) stierf aan zijn
verwondingen - opgelopen op Wieltje - op 4
november 1915. Hij was advocaat.   I-B-32

Er dient ook vermeld te worden dat Corporal
Jasper Pope (21) - die aan zijn verwondingen
bezweek op 13 mei 1915, opgelopen bij Pilkem
in de 1st (The King's Hussars) - uit het kleine
stadje Rhyl in North Wales kwam, dat 150 van
zijn zonen offerde in de Grote Oorlog.

- He gave his life
  He gave his all
  that the honour of England
  should never fall.

Hospital Farm Cemetery, Elverdinge
De hofstede werd door de RAMC (Royal
Army Medical Corps) gebruikt als een ADS
(advanced dressing post - vooruitgeschoven
hulppost) en de gewonden werden binnenge-
bracht vanuit Elverdinge en het station van
Vlamertinge. Gedurende de oorlog reed een
trammetje dicht aan de hofstede voorbij.

De ADS werd uitgebreid door de medische
diensten van de 49th (West Riding) Division
tijdens de slag bij Pilkem in mei 1915. Het
aantal graven bedraagt 115 - waaronder vier
onbekenden - en één Fransman (?)

- Lieutenant Lambert Playfair (B-9) was vliegenier in het Royal Flying Corps. Hij werd op
6 juli 1915 geraakt boven St.-Juliaan en crashte
dodelijk dichtbij de hofstede.
- Rfn. D. McBlain   D-19
  12th Bn Rifle Brigade
  Killed in action 24th May 1916
  Age 46 (de oudste)

- Pte. William H. Walton   A-2
  2ND Bn Lancashire Fusiliers
  22nd June 1915
  Age 16 (de jongste)

- Pte. Albert Seal   B-16
  1st/5th Bn. West Yorkshire Regt.
  Killed in action 23rd July, 1915 Age 17

- De Franse (?) burger Marcel Top stierf op 11
augustus 1915. Hij zou Belg zijn.
- The days are dark, friends are few, dear son
how we think of you.
- The lamb which is in the midst of the thronne
shall feed him.
- If death be the peace of victory
  O God forbid all wars. R.I.P.

The Huts Cemetery, Dikkebus
Op de weg van Dikkebus naar Brandhoek
stonden er een rij huisjes en die werden van juli
tot november 1917 gebruikt als veldambu

De ingang van Voormezele Enclosures Nos 1 & 2, Voormezele

Welsh Cemetery (Ceasar's Nose) Boezinge

Algemeen zicht op La Belle Alliance Cemetery en zijn Cross of Sacrifice.

Het bescheiden No man's Cot in Boezinge.

34

Vlamertinge Military Cemetery met de kerk op de achtergrond.

Het graf van V.C. John Skinner op Vlamertinge New Military Cemetery.

De kluis van het Cemetery Register van The Huts Cemetery in Dikkebus.

Het graf van Lord Robert Manners D.S.O. in The Huts Cemetery

Algemeen zicht op het Hop Store Cemetery in Vlamertinge en het Cross of Sacrifice.

Hospital Farm Cemetery in Elverdinge.

Links: Ferme Olivier Cemetery in Elverdinge.

Boven: Essex Farm Cemetery in Boezinge.

Rechts: De ingang van Ferme Olivier.

Boven: Dragoon Camp Cemetery in Boezinge.

Links: Essex Farm Cemetery, Boezinge.

Onder: Algemeen zicht op Elzenwalle Brasserie Cemetery in Voormezele.

De ingang van het Divisional Cemetery in Dikkebus.

Dickebus Old Military Cemetery.

Dickebus Old Military Cemetery met de kerk van Dikkebus op de achtergrond.

De ingang van het Divisional Collecting Post (and Extention) in Boezinge.

Algemeen zicht op Dickebus New Military Cemetery in Dikkebus.

Het graf van Lance Corporal Joseph Fox.

Canada Farm Cemetery in Elverdinge.

Algemeen zicht op Colne Valley Cemetery in Boezinge.

Bus House Cemetery in Voormezele.

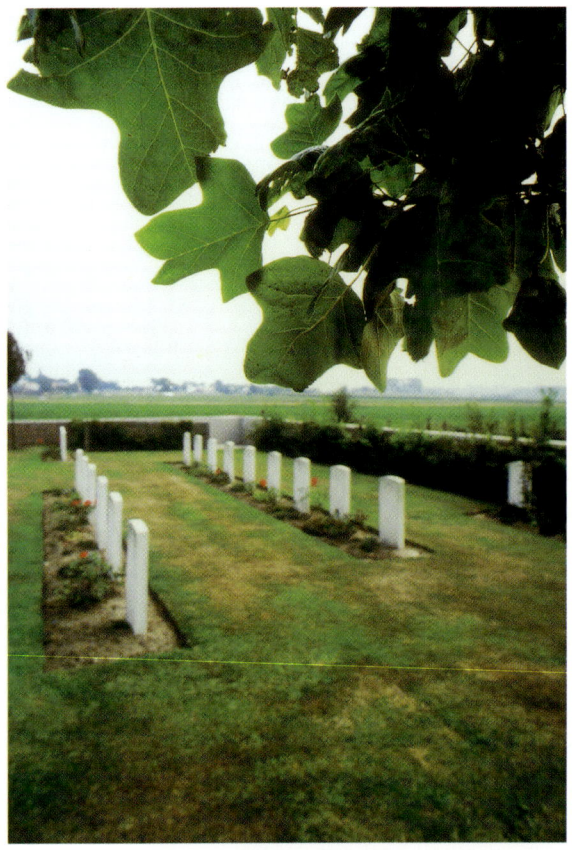

De ingang van Canada Farm Cemetery.

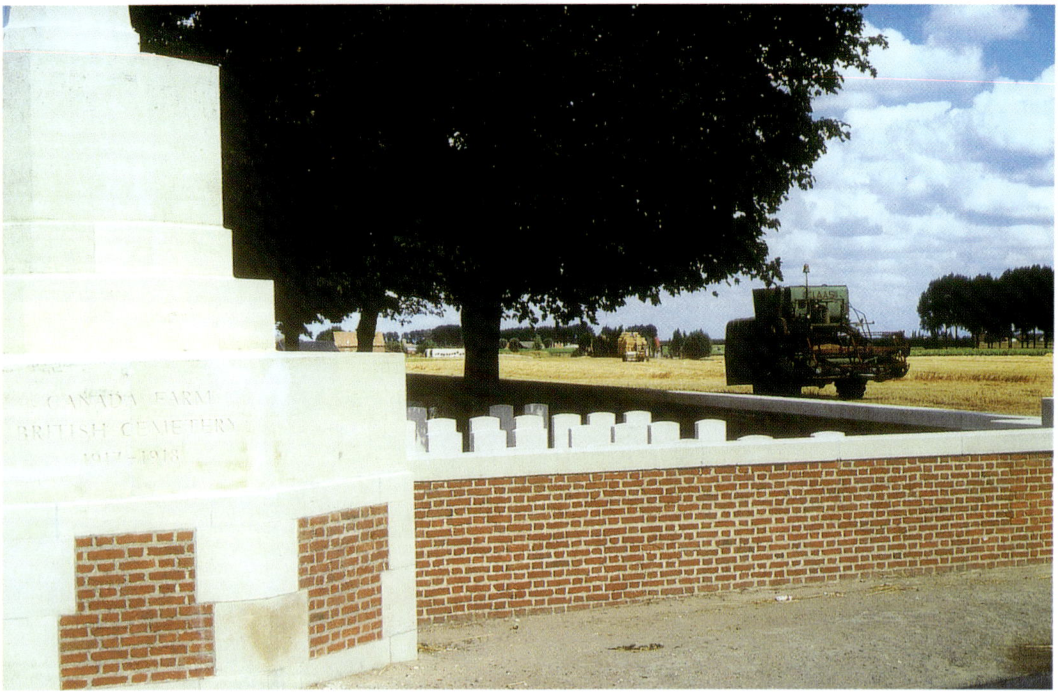

Ingang en algemeen zicht op Brandhoek New Cemetery in Vlamertinge.

Brandhoek New Military Cemetery.

De ingang van Brandhoek New Military Cemetery in Vlamertinge.

Algemeen zicht op Brandhoek Military Cemetery met een schuilhokje achteraan links.

Hospital Farm Cemetery, Elverdinge met vooraan het graf van de burger Marcel Top die op 11 augustus overleed. Het is nooit achterhaald of de man een Belg of een Fransman was.

lances. Hier stond ook een artillerie eenheid opgesteld, wat verklaart waarom bijna 70% der gesneuvelden "gunner" waren. Hier liggen: 816 Britten, 242 Australiërs, 19 Nieuw-Zeelanders, 5 Canadezen, 4 Zuid-Afrikanen, 1 Brits West-Indiër , 1 Indiër en 6 Known unto God.

Eveneens zijn hier zes Duitse graven, waar onder dat van Ob. Lieutnant Ernst Hädrich en vliegenier Heinrich Horstmann (+ 17.10.1917)

- Lt. Col. Lord Robert William Orlando Manners   IV- D-13
D.S.O. (Distinguished Service Order)
Manners diende in het King's Royal Rifle Corps (K.R.R.C.) en was de bevelhebber van het 10th Bn. Northumberland Fuseliers. Hij sneuvelde op 11 september 1917, op 47 jarige leeftijd. Hij was de zoon van de hertog van

Rutland (K.G.-knight of the garten - ridder in de orde van de kousenband) van Belvoir Castle, Grantham.

- Captain George Stephan Elliott (M.C. - military cross) (25) van het 56e Australische infanteriebataljon werd het slachtoffer - op 25 september 1917 - van Duits artillerievuur en dit in Château Wood, noordoostelijk van Hooge. Hij was de medische officier en zijn broer, (brigadier-generaal) was de bevelhebber van de 15e brigade. Hij ligt begraven in VII-D-20.

- 2nd Lt. Christopher Binns (36) 154 th Heavy Bty. Royal Garrison Artillery sneuvelde op 26 september 1917 langs de Menensteenweg.
                                                        VII-C-1
Binns had zijn advocatenpraktijk in Durban, Zuid-Afrika opgegeven om dienst te nemen

The Huts Cemetery, Dikkebus

- Major John Richmond Cowles   XIV-D-19
  4the Bn. 'A' 3rd. N.Z. Rifle Brigade
  Age 31
  25 November 1917

Hij had voordien reeds drie veldslagen in Egypte meegemaakt en was de verantwoordelijke voor de training van officieren in Etaples (P.d.C.)

- Colonel William Weston Hearne DSO
                                                    X-C-80
  5th Div. H.Q. Australian Medical Corps
  17 Oktober 1917
  Weston Hearne was de tweede hoogste in rang. Hij verkreeg de orde van St-Lazarus (Italië)

Eén almoezenier ligt hier begraven :
- Chaplain 4th Class
  the Rev. Herbert Green   III-B-13
  Age 28

- Corporal Ernest Douglas Jonkins XII-D-13
  Royal Army Medical Corps
  Age 20
  21 October 1917
  Jonkins was de jongste van zeven zonen die allen op het westelijk front streden.

- Sgt John Last (47) M M   VII-D-16
  'V' Bty. Bde. Royal Field Artillery
  Age 47
  27 September 1917
  John Last had in Hazara (1891) de India General Service Medal bekomen en had ook gediend in de Zuid-Afrika campagne.

- Captain Grederick Edward Long M C
                                                    III-B-9
  11th Bn. The King's Liverpool Regiment
  Age 35
  24 August 1917

Edward Long was de eerste vrijwilliger in zijn geboorteplaats Fordingbridge, in de 7th Hants.

- Lieutenant Colonel Courtenay Talbot Saint Paul DSO   I-B-4
  36th Bty. 45th Bde. Royal Field Artillery
  Age 35
  31 July 1917

Talbot Saint Paul was één van de eersten die sneuvelden langs de Menensteenweg. Hij kwam uit één van de gekende 'private schools', Clifton College.

De hoogste in rang is;
- Brigadier General Cecil Godfrey Rawling (47) CMG (Companion St. Michael and St. George) - C.I.E. (Companion Indian Empire) - D.S.O. Hij was de bevelhebber 62e Inf. Bde. Somerset Light Infantry 28 October 1917
         XII-C-20

Er liggen hier negentwintig negentienjarigen begraven. Eveneens vier achttienjarigen, te weten :

- Pte. Herbert Percy Blake   XI-D-17
  8 th Bn. Leicestershire Regiment
  20 April 1918

- Gunner Leonard Graham Cartwright
         VIII-A-9
  118th Siege Bty. Royal Garrison Artillery
  28 September 1917

- Pte. Joseph Gale   XI-D-3
  1st. Bn. The Buffs (East Kent Regiment)
  12 April 1918

- Pte. William Read   XI-C-1
  6 th. Bn. Wiltshire Regiment
  29 April 1918

- Sapper T. Retton   IV-B-18
  103rd Field Coy. Royal Engineers

Age 50
31 Augustus 1917
Retton heeft de trieste eer de oudste te zijn.

Als officieren tellen wij :
- luitenant : 28
- tweede-luitenant : 35
- kapitein : 14
- majoor : 8

- An only boy his parents pride and joy. Age 19
- Had God asked us
  we should say
  Lord we love him
  let him stay. Age 24.

La Belle Alliance Cemetery, Boezinge

La Belle Alliance Cemetery werd genoemd naar een nabijgelegen hofstede die vernield was en nooit herbouwd werd. Het werd door het 10e en 11e King's Royal Rifle Corps van februari-maart 1916 gebruikt tot juli-augustus 1917. Het is omgeven door een rode baksteenen muur met een doornhaag en beplant met rode meidoornen.

Met zijn 60 graven is dit één der kleinste kerkhoven uit de salient. Het bestaat uit slechts één perk. Alle gesneuvelden, inclusief de 10 onbekenden, komen uit het Verenigd Koninkrijk.

Lt Guy Crawford-Wood, een gekend akteur, sneuvelde op 1 juli 1916 op 22-jarige leeftijd bij een stormloop op de Duitse linies. Hij vond een laatste rustplaats op Brandenhoek Military Cemetery. Zijn jongere broer Peter kwam in oktober 1917 om het leven als lid van de Naval Air Service.

Er zijn 3 negentienjarigen begraven;
- Pte H.G. Haywood,   C1
  7th Bn. South Staffordshire Regt.
  27 augustus 1917

La Belle Alliance Cemetery, Boezinge.

- Lce. cpl Ronald Rigg   A4
  6th Bn. Somerset Light Infantery
  12 februari 1916

- Pte William Boardman   C9
  6th Bn. Border Regt.
  15 juli 1917

- Pioneer John Glennie   D4
  284th Coy. Army Troops
  5 augustus 1917
Glennie is met zijn 38 jaar de oudste op dit kerkhof.

In graf C-6 ligt de Australische vliegenier, 2nd Lt Percy Eric Palmer van het 29e Squadron van het Royal Flying Corps, die op 17 juli 1917 omkwam in een luchtgevecht.

-Remembrance is a golden chain

Death tried to break but all in vain. Age 25.

No Man's Cot Cemetery, Boezinge
Een huis langs "*Admiral's Road*", van Boezinge naar Wieltje toe werd door de Britten "*No man's cot*" gedoopt.

De begraafplaats dateert van eind juli 1917 tot maart 1918. Vijfenveertig van de 79 graven zijn van de 51 (st) Highland Division: Gordon Highlanders, Black Watch, Seaforth Highlanders, South Staffordshire, East Yorkshire. Twee graven zijn onbekend maar van één weet men dat het van een gewoon Brits soldaat is.

Er ligt één lieutenant en twee 2nd lieutenants. Tevens liggen er 3 negentienjarigen. De oudste was 39; Pte David Laidlaw van de "D" Coy. van de Black Watch, die sneuvelde op 31 juli 1917.

Oak Dump Cemetery, Voormezele met vooraan het graf van Private J. Johnson van het 22th Bn. London Regiment die op 6 juli 1917 sneuvelde.

- Jesus give the weary calm and sweet repose
- As long as they live and memory last,
  we'll remember thee

Oak Dump Cemetery, Voormezele

Oak Dump was een plaats ongeveer 3,5 km ten oosten van Voormezele en ten zuiden van het kanaal Ieper-Komen. Oak Dump Cemetery werd aangelegd in juli, augustus en september 1917 door de 47th (London) division, die de plaats innam.

Van de 109 graven van U.K. soldaten behoren 59 tot het London Regiment. Verder zijn hier nog twee Australische soldaten begraven.

In maart 1918 lieten de Duitsers een kleine mijn ontploffen rechtover de begraafplaats, die zeven man van de 180th Siège Battery doodde. Hun stoffelijke resten werden in 1927 teruggevonden en hier bijgezet.

Er zijn zes negentienjarigen onder de begravenen:

- 2nd Lt. Osmond Pickard Brown   C-21
  3rd Bn. Royal West Kent Regt.
  31 July 1917

- Gunner Alan Golden   H-2
  'C' Bty. 102 Bde. Royal Field Artillery
  6 July 1917

- Rifleman Cyril Luesley   C-11
  18th Bn. King's Royal Rifle Corps
  6 August 1917

- Corporal Gerald Stocker M M   G-4
  1st/2nd Bn. London Regt.
  6 July 1917

Oak Dump Cemetery, Voormezele.

Railway Château Cemetery, Vlamertinge.

- Gunner William Turner   C-2
  'B' Bty. 119th Army Bde.
  Royal Field Artillery
  7 August 1917

- Signaller John White   H-6
  102 Bde.
  Royal Field Artillery
  14 July 1917

- Private J. Johnson   H-5
  22nd Bn. London Regt.
  6 July 1917
  Age 44

- Be thou faithful unto death and I will give thee
  a crown of life. Age 36.

54

Burgerslachtoffers begraven in Red Farm Military Cemetery, Vlamertinge.

Railway Château Cemetery, Vlamertinge
Dit kerkhof ligt langs de spoorweg Ieper-Poperinge. Het werd in W.O.I ook nog St. Augustine Street Cabaret en L.4 Post genoemd.

Honderdenvijf Britse graven waaronder 6 onbekenden, die tussen november 1914 en oktober 1916 gedolven werden.

De jongste onder hen was 19 jaar, de oudste 45.

- Pte. Albert Stephens (19)   C.3
  6th Bn. Somerset Light Infantry
  1 October 1915

- Pte. Albert Tomlin (45)   A.16
  17th Coy. Labour Corps
  26 September 1917
Tomlin had twaalf jaar dienst, onder andere in Indië.

- To live in hearts we leave behind is not to die.
- Greatly beloved.

Red Farm Military Cemetery, Vlamertinge
Een kleine begraafplaats werd aangelgd in april-mei 1918 ten noordwesten van Brandhoek, in de nabijheid van "*Red Farm*" voor 46 soldaten uit het Verenigd Koninkrijk, waaronder 17 onbekenden.

Eén grafzerk vermeldt: civilian victims of the 1914-1918 war.
- His sun went down
  while yet it was day
- For country and his children.

Ridge Wood Military Cemetery, Voormezele
Ridge Wood was de naam gegeven aan een bosje gelegen tussen de Kemmelbaan en Dikkebusvijver. Het "*front-line*" cemetery werd be-

Het graf van 2nd Lieutenant J.C. Watmough van de Northumberland Fuseliers in Ridge Wood Military Cemetery, Voormezele.

"ONE OF THREE SONS WHO GAVE THEIR ALL".

Het graf van de Duke of Cornwall, Major B.M. Taylor.

gonnen in mei 1915. De graven zijn vooral van gevallenen uit de Durham Light Infantry en de Royal Engineers.

Een Duitse onbekende soldaat, evenals Willy Gierke (R.I.R.214), gevallen op 16 juli 1916 , liggen hier begraven tussen 260 Britten, 44 Australiërs, 3 Nieuw-Zeelanders, 292 Canadezen, 20 K.N.O. en 5 unnamed.

- Sec. Lt. J.C. Watmough   II-A-2
  Northumberland Fuseliers
  10th june 1915 - Age 26
  one of three sons who gave their all.

- Major B.M. Taylor D.S.O.   III-W-1 (distinguished service order - military cross) - M.C.
  Duke of Cornwall L.I.
  6th Nov. 1917 - age 30

Het graf van Gunner J. Maloney in Ridge Wood Cemetery.

Solferino Farm Cemetery, Brielen.

Requiem aeternam dona eis
Domine et lux perpetua luceat eis.

- He shall be mine sath the Lord that day
  when I make up my jewels. Age 18
- As the Chief Shepherd shall appear
  Ye shall receive a crown of glory. Age 27

Solferino Farm Cemetery, Brielen
Franse troepen die deze sektor begin 1915 hielden, noemden een hofstede aan een zij-baantje van "Dawson's Corner" naar Boezinge Solferino. Het cemetery dateert van oktober 1917 met 293 headstones voor soldaten uit het Verenigd Koninkrijk, 1 uit Canada, 1 uit Nieuw-Zeeland, 1 uit de Britse West-Indies. (100 graven zijn deze van soldaten van de Royal Artillery, 21 Royal Engineers, 24 Labour Corps.

5 soldaten gesneuveld in W.O.II werden hier ook begraven. Eveneens 3 Duitsers liggen hier begraven.

- He died like a soldier
  He died at his post
  Ever remembered.
  Age 22

- Althought your grave we cannot see
  we will remember thee.
  Age 21.

Talana Farm Cemetery, Boezinge
De nabijgelegen hofstede werd door de Britse soldaten Talana gedoopt, naar een gebeurtenis in de Boer War. (De slag van Talana Hill op 20 oktober 1899)

Talana Farm Cemetery, Boezinge.

De begraafplaats werd begonnen door de Franse Zoeaven in april 1915 en overgenomen door de 1st Rifle Brigade en de 1st Somerset Light Infantry in juni 1915. Ze was in gebruik tot maart 1918. Perk II bevat vooral slachtoffers van het 1st East Lancashire Regiment, gevallen bij een succesrijke aanval op 6 juli 1915. In perken III en IV liggen vooral gevallenen van de 49th (West Riding) Div. begraven, evenals artilleristen die in augustus 1917 dit gebied overnamen.

Zes graven worden op special memorials vermeld, aangezien zij verdwenen zijn. Tien andere gesneuvelden worden in I-E geïdentificeerd als groep en niet individueel.

- C.S.M. (company sgt-major) W. Halliwell
                                       III-E-6
  1st Rifle Brigade
  6-7-1915 - Age 29
  "Buried near this spot"

- Lieutenant Colonel A. Bryant   III-K-1
  1st Bn Gloucestershire
  D.S.O. (Distinguished Service Order)

- De jongste, Pte. Norman Crowther (16), sneuvelde op 23 mei 1915 en diende in de 1/4th Bn. Duke of Wellington's (West Riding) Regt. en begraven ligt in IV-D-2: .

- Only a private soldier
  but a mother's son
  resting on a field of battle
  duty done. Mother and father. Age 20

- Memories of a loved one
  bring many a silent tear
  Wife and daughter. Age 24.

- Filius dilectissimus. Age 20

Vlamertinge Military Cemetery, Vlamertinge

Deze dodenakker werd aangelegd door troepen ten velde en veldhospitalen. In juni 1917 werd verdere uitbreiding verboden, daar een militaire spoorweg moest aangelegd worden. In perken IV en, V en VI rusten 250 Lancashire Territorials.

Begin 1917 werden hier veel gesneuvelden uit de 55e divisie begraven. Aantal graven: 1115 Britten, 54 Canadezen, 4 Australiërs, 2 Zuid-Afrikanen, 1 inwoner van Guernsey, 3 Indiërs, 3 Duitsers en 18 onbekenden. De smeedijzeren ingangspoort is een gift van de familie Redesdale, wiens zoon, Majoor Mitford D.S.O., hier in graf (I-E-8) begraven ligt. Hij diende in de 10th (Prince of Wales's) Hussars

Onder 49 negentienjarigen is er één 2e luitenant :
- 2 nd. Lt. C. Hollingsworth Graham V-F-16
  3rd Bn. Attd. Trench Motar Bty.
  Royal Dublin Fuseliers
  20 September 1916
Hollingsworth Graham kwam uit Dublin.

Er is slechts één luitenant;
- Lieutenant Denijs Drinckman   II-A-8
  1st Bn. Royal Irish Fuseliers
  10 June 1915

De lijst der achttienjarigen is :
- Pte Edward Bailey   II-D-2
  'D' Coy. 1st Bn. Monmoutshire Regt.
  29 April 1915

- Pte Geoffrey William Campbell   V-E-8
  4th/5th Bn. Black Watch
  12 January 1917

- Pte W.C. Campion   II-B-6
  2nd Bn. East Surrey Regiment
  27 April 1915

Het graf van Kapitein Francis O. Grenfell van het 9th Queen Royal's Lancers inVlamertinge. Zijn tweelingbroer Riversdale sneuvelde eveneens in de Eerste Wereldoorlog en in de St. George's Memorial Church is een glasraam ter herinnering aan beide broers.

- Second Lieutenant William Alan Copeland
                                            II-A-7
  1st Bn. Royal Scots
  25 April 1915 - langs de Menensteenweg
  De vader van Alan Copeland, Majoor Frederick
  Copeland, diende in het Indische 69th Punjabis.

- Pte William Durber   II-A-11
  5th Bn. North Staffordshire Regiment
  22 August 1915

- Pte J.E. Green   II-B-2
  8th Bn. Durham Light Infantry
  27 April 1915

- Pte L.E. Mitchell   IV-E-15
  4th bn. Worcestershire Regiment
  18 September 1916

- Pte H. Moore   III-A-17
  6th Bn. King's Shropshire Light Infantry
  25 June 1916

62

- Lance Corporal Harry Smith V-E-14
  1st Bn. Hertfordshire Regiment
  17 Januari 1917

- Pte J. Temple IV-E-8
  4th Bn. Worcestershire Regiment
  18 September 1916

- Pte Joseph Frank Winxer III-A-7
  7th Bn. Somerset Light Infantry
  13 June 1916

Sneuvelden als zeventienjarigen:
- Pte. E. Archer I-H-21
  4th Bn. Northhumberland Fuseliers
  27 April 1915

- Pte. Albert Ellis I-H-6
  2nd Bn. King's Own Scottish Borderers
  25 April 1915

- Pte. Edward Jennings V-E-2
  1st/5th Bn. South Lancashire Regiment
  12 January 1917

- Lance Corporal Percy Charles Robinson
  I-D-13
  10th Bn. King's Royal Rifle Corps
  25 June 1916

De twee oudsten zijn respectievelijk gewoon soldaat en kapitein

- Pte. W.H.D. Prio VI-K-5
  5th Bn. South Wales Borderers
  6 May 1917

- Captain Henry O'Kelly I-D-5
  18th Queen Mary's Own Hussars
  18 May 1915

Twee soldaten sneuvelden op 44-jarige leeftijd. Twee anderen werden 43 jaar, één 40 jaar en acht bereiketen hun 40e verjaardag.

- Sergeant F.D. Gillespie VII-A-29
  9th Bn. The King's Liverpool Regiment
  12 May 1917

Hij werd zwaar gewond te Ieper op 23 oktober 1914.

- Lt. Col. E.R.A. Shearman I-D-7
  10th Prince of Wales Own Royal Hussars
  Age 39
  13 May 1915
Shearman is de hoogste in rang om hier begraven te worden.

Verder liggen hier volgende officieren:
2 second lieutenants, 14 lieutenants, 17 captains en 2 majors.

- Maj. Charlton James Lawson II-A-5
  4th Bn. Canadian Inf.
  Medal for scharp shooting (scherpschutter)

- 2nd Lt. Harold Parry VI-L-12
  One of England's soldiers poets
  Death is the gate
  to the highroad of life
  and love is the way. Harold Parry

- Captain Francis Grenfell V.C. II-B-14
  9th (Queen's Royal) Lancers - 2nd Cavalry Brigade - Cavalry Division, sneuvelde op 24 mei 1915 langs de Menensteenweg. Hij kreeg zijn V.C. voor dapperheid op 24 augustus 1914 in een actie tegen de vijand te Audregnies (België), en in de omgeving van Daubon bij de redding van de kanonnen van de 119e batterij.

In de St. George's Memorial Chruch te Ieper, aan de hoek van de Elverdingestraat en de leet of het architect Jules Coomansplein is er in de sacristie een glasraam ter herinnering aan de 9th (Queen's Royal) Lancers en de tweelingbroers kapiteins Francis en Riversdale Grenfell, die beiden vielen op het veld van eer.

- Major James Lawson Mitchell - Age 32 - killed in action 16th March 1916 (I-D-1) interpretor Japanese only son.

- Driver Alexander Lamb van de 21e batterij, 2e brigade Royal Field Artillery - was acht maanden gedeserteerd wanneer hij in Calais gearresteerd werd. Op 2 oktober 1915 werd hij hier terechtgesteld. Hij ligt begraven in II-E-12. Private Albert Rickman (IV-D-17) van de 1 Royal Dublin Fusiliers onderging hetzelfde lot, ook voor desertie, op 15 september 1916.

- Cpl. Cecil Edmund Brookes (VII-B-9) van de 8th Bn. Royal West Kent Regt. Sneuvelde in actie - op zijn 22e levensjaar - op 27 mei 1917. Na achttien maanden aan het front zou hij 's anderendaags met verlof gaan...

- De drie Duitse graven hebben volgende inscriptie:
- Albert Bauer - I.R. 125 - 12.6.1916
- Lieutenant D.R. Willy Sasse - I.R. 163 - 19.3.1917
- Friedrich Pieper - I.R. 163 - 19.3.1917

- In I-H-22 ligt een 1e sergeant van de 57th Rifles uit het India Corps begraven die op 27 april 1915 om het leven kwam.

- And so he passed over and all the trumpets sounded on the other side.
- In a soldier's grave far over sea but not too far to think of thee
- The path of duty is the way to glory
- I often wonder how you died If I had only heard your last good-bye.

Vlamertinge New Military Cemetery, Vlamertinge

Deze begraafplaats is een voorbeeld van graven van dezelfde eenheden zoals in perken IV, V en VI. Hier rusten 250 Lancashire Territo-rials. Begin 1917 werden hier veel gesneuvel-den van de 59 th Division bijgezet. De familie-naam Jones komt vijftien maal voor - Smith zeventien maal. Er zijn 1820 graven; 1611 Britse, 154 Canadese, 44 Australische, 3 Zuid-Afrikanen, 1 Nieuw-Zeelander en 7 Duitse soldaten. Op de achtergrond van het kerkhof ziet men Vlamertinge kerk

Driver (chauffeur) George Anwell (35) van de 'B' Bty. Royal Field Artillery nam op zes-tienjarige leeftijd dienst in de Royal Navy (1898 - 1901) en werd invalide. Van 1903 tot 1910 was hij in het 3rd Bn. Middlesex Regt. Hij sneuvelde op 03 augustus 1917
V-D-27

Chaplain 4th Class, the Rev. William Duncan (26) is naast Ash de tweede aalmoezenier die hier begraven ligt. Hij diende in de King's Liverpool Regt. en was van Westminster School en Queen's College, Cambridge. Hij sneuvelde op 31 juli 1917. VI-A-1

Kapitein C.R. Langham (26) van het 5th Bn. Royal Sussex Regiment kwam uit Singapore om te dienen. Hij sneuvelde op 16 augustus 1917 VIII-E-4

Gunner Leonard Ernest Robb (23) van de 61e Div. Ammunition Col. Royal Field Artillery, die sneuvelde op 6 september 1917 was er reeds op de eerste dag van de oorlog - 4 augustus 1914 - erbij IX-H-28

Luitenant-Kolonel Archibald John Saltrem-Willett (51) sneuvelde op 11 oktober 1917 als bevelhebber van de 66th Heavy Artillery Group, Royal Garrison Artillery VII-H-7

Lieutenant and Quartermaster Thomas Taft (59) van de 6th Bn. Durham Light Infantry is echter de oudste. Hij sneuvelde op 23 decem-ber 1917 XIII-H-4

Vlamertinge New Military Cemetery, Vlamertinge.

De 36-jarige Gunner George Titchmarsch van 'B' Bty. 189th Bde. Royal Field Artillery kwam aan zijn einde op 5 juni 1917 toen de dug-out waarin hij schuilde instortte. I-A-21

Shoeing Smith (schoenmaker) George Wilton (21) van 'C' Bty. 298th Bde. Royal Field Artillery overleed op 6 december 1917 door versmachting (tijdens gasaanval)   I-H-42

- Sapper John Booth   IX-D-14
  171st Tunelling Coy. Royal Engineers
  06 November 1917

- Gunner Thomas English   XII-F-23
  4th Bde. Canadian Field Artillery
  28 October 1917

Beiden werden 47 jaar.

- Private Gilbert Ratcliffe   VII-H-11
  1st Bn. Canadian Labour Corps
  Age 48
  14 October 1917

Private G. Gerritsen was 49 toen hij sneuvelde op 14 oktober 1917. Hij diende in het 1st Bn. Canadian Labour Corps en kwam uit Oosterbeek. Zijn moeder had de familienaam Van Der Wall.

Verder één 47jarige, twee 43jarigen, vijf 42jarigen, zeven 41jarigen en twaalf 40 jarigen.

Er liggen hier vijfenvijftig negentienjarigen begraven en ook acht achttienjarigen:
- Pte. Albert Blunt   III-F-4
  1st Bn. Hertfordshire Regt.
  13 July 1917

Voormezele Enclosures nr. 1 and 2, Voormezele

- Gunner Sidney Bown   XII-D-2
  4th Div. Ammunition Col.
  Canadian Field Artillery
  9 November 1917 - voor Passendale

- Pte. Ernest Brukman   XII-H-20
  1st Regt. South African Infantry
  15 September 1917

- Pte Joseph Camm   I-B-16
  The King's Liverpool Regiment
  16 June 1917

- Rifleman James Colgan   V-F-1
  16th Bn. Royal Irish Rifles
  9 September 1917

- Lance Sergeant John Taylor Marsden
        III-C-1
  2nd Bn. East Lancashire Regt.
  21 June 1917

- Pte. George Oakley   IV-H-13
  6th Bn. Oxford and Bucks.
  Light Infantry
  19 July 1917

- Driver David Thomas   VIII-G-10
  276th Bde. Royal Field Artillery
  9 September 1917

De jongste werd 17:
- Pte. Homer Harrison   XII-F-25
  44th Bn. Canadian Infantry
  New Brunswick Regt.
  28 October 1917
Homer Harrisonwerd geboren in Kentucky - U.S.A.

Als officieren tellen wij bovendien :
- 36 luitenanten
- 40 2e luitenanten
- 24 kapiteins
- 8 majoors

- John Skinner C.S.M. - D.C.M.   XIII-H-15
  Croix de guerre (F) V.C.
  1st Bn King's Own Scottish Borderers.
  Killed by enemy sniper at Passendale 17th
  March 1918. Age 35.
Toen zijn compagnie onder het vuur van een machinegeweervuur viel en de aanval daardoor werd opgehouden, veroverde John Skinner ondanks verwondingen aan zijn voorhoofd, een eerste bunker met zes man waardoor het machinegeweer het zwijgen werd opgelegd. Later viel hij nog twee bunkers aan en nam daarbij zestig Duitse soldaten krijgsgevangen.

- Private Edward Delargey (19jaar) (IX-H-19) van de 1/8 R. Scots werd op 6 september 1917 om 6 uur 's morgens terechtgesteld voor desertie.

- Rev. John Ash (37j) (aalmoezenier)IX-H-26

  We hope to meet him in that better land
  evermore with him to dwell. Age 41

- Our Lady of Lourdes
  pray for them. Age 26
- Rest on dear son
  It was God's will. Mother. Age 26
- Born at Nottingham
  Killed in action in Ypres. Age 26
- Dulce et decorum est pro patria mori. Age 25

Voormezele Enclosures nr. 1 and 2, Voormezele

Deze begraafplaats was in gebruik van maart 1915 tot 26 april 1916 - wanneer Duitse soldaten met de Kemmelslag Voormezele innamen - en opnieuw na de Duitse terugtocht.

De 28e divisie was de eerste om hier haar doden te begraven. Het aantal graven bedraagt 579 waarvan 502 Britten zijn, 17 Canadezen 17 Australiers, 2 Nieuw-Zeelanders 43 onbekenden en 5 Duitsers.

Voormezele Enclosures nr. 1 and 2, Voormezele

Er is een "*Special memorial*" voor 14 Britse soldaten "*Known to be buried in this cemetery*" en één Duitse soldaat, wiens graven door artillerievuur vernield werden.

Op het burgerlijk kerkhof wordt vermeld, dat hier werd begraven - maar zijn graf werd ook vernield: Lieutenant Edwin Winwood Robinson, "D" Squadron, 5th (Royal Irish) Lancers, Killed in action on 25th October 1914.

De Duitse grafstenen vermelden :
- Vize Feldwebel Georg Prufer, Jagd Regiment 62   15.8.1917.
- Vize Feldwebel A. Blankenagel, Jagd Regiment 457 28.8.1918.
- Karl Kaiser, Jagd Regiment 457, 27.5.1918
- Alfred Henkel, Jagd Regiment 457, 27.5.1918
- Zwei unbekannte Krieger gefallen für Deutschland.

- Blessed are the dead who died in the Lord. Age 44
- Bear the cross and wear the crown. Age 26
- God's finger touched him and he slept. Age 34

Voormezele Enclosure Military. Cemetery, nr 3, Voormezele
Princess Patricia's Canadian Light Infantry (P.P.C.L.I.), deel van de 27e divisie, begroef hier haar eerste doden in februari 1915. Enclosure nr 3 werd - zoals enclosure nr 1 en nr 2 - ook gebruikt tot april 1918 en opnieuw in oktober 1918 en na de Wapenstilstand voor een concentratie van 1593 graven waarvan 613 onbekenden: 1481 Britse, 100 Canadese, 8 Australische, 2 Nieuw-Zeelandse, 1 Zuid-Afrikaans, en 1 Duitse soldaat.

- Private T.S. Cahill (19 j.) - (II-B-19) schreef in een brief naar zijn moeder over zijn voorgevoel van het noodlot. 's Anderendaags (31 maart 1915) sneuvelde hij te St. Elooi als lid van het 3e Middlesex Regt.

- Sir James Barrie (1860-1932), Schots schrijver, schreef in 1914 zijn boek "*Peter Pan*" en nam zijn aangenomen zoon daarvoor als model. Dat was 2nd Lt. Georges Llewellyn Davies uit het 6e Bn. Rifle Brigade, die (21 j.) sneuvelde op 15 maart 1915. Hij ligt begraven in II-E-2.

- Lt. Col. F.D. Farquhar - D.S.O. - was de militaire secretaris van de hertog van Connaught en ook de commandant van het (Canadese) Eastern Ontario Regiment, wanneer hij op 21 maart 1915 stierf aan zijn verwondingen opgelopen te St.-Elooi. Hij werd begraven in III-A-6.

Majoor Herbert Cecil Buller (34 j.) D.S.O. werd zijn opvolger als tijdelijke Lt. Kol. Hij stierf aan Sanctuary Wood op 2 juni 1916 en werd naast Farquhar begraven in III-A-7.

- Lt. Michel Hubert Alexander Spruyt de Bay van de P.P.C.L.I. (Eastern Ontario Regt.) sneuvelde eveneens aan Sanctuary Wood op 2 juni 1916 (XI-A-11). Hij was in Engeland geboren maar zijn ouders woonden in Brussel.

Eén vliegenier ligt hier begraven : 2nd Lt. Leonard William Middleton (22) van het 53rd Sqdn Royal Flying Corps werd in de slag van Passendale door de vijand neergehaald op 8 november 1917.   XV-A-18

Er zijn niet minder dan 62 graven voor negentienjarigen, onder hen een pasgepromoveerde kapitein :
- Capt. Hugh Charles Boden   XII-A-20
  12th Bn. Sherwood Foresters
  11 October 1915

- 2nd Lt. Roger Lipton   XIV-L-16
  4th Bn. Durham Light Infantry
  7 June 1917
Lipton sneuvelde op de eerste dag van de Mesenslag

- 2nd Lt. William Ward   XIII-L-9
  4th Bn. Somerset Light Infantry
  22 December 1917

Er zijn achttien achttienjarigen :
- Pte W.C.N. Bennet   XV-H-27
  15th Hampshire Yeomanry Bn.
  Hampshire Regiment
  4 September 1918

- Pte Fred Bradshaw   VII-C-6
  2nd Bn. Kings Own Yorkshire L.I.
  17 July 1915

- Pte John D. Macintosh Campbell XIII-K-20
  26th Bn. Royal Fuseliers
  7 June 1917

- Pte F. Carter   VIII-C-10
  3rd Bn. Worchester Regiment
  26 July 1915

- Pte Henry Cross   XIV-J-13
  12th Bn. East Surrey Regiment
  3 September 1918

- Pte Cecil Percival Dutton   XIV-E-10
  6th Bn. Leicestershire Regiment
  26 April 1918

- Pte T.R. Haynes   XIV-L-17
  15th Hampshire Yeomanry Bn.
  Hampshire Regiment
  4 Spetember 1918

- Pte Thomas W. Hodgson   X-A-19
  7th Bn. East Yorkshire Regiment
  9 Augustus 1915

Voormezele Enclosure Military Cemetery nr 3, Voormezele.

- Pte W.C. Hogg   XIII-E-17
  2nd Bn. Cameron Highlanders
  9 March 1917

- Pte F. Houlden   V-BB-1
  1st/4th Bn. Cheshire Regiment
  15 October 1918

- Pte E.T. Kendrick   XVI-L-13
  15th Hampshire Yeomanry Bn.
  Hampshire Regiment
  4 September 1918

- Pte Clifford Eaton King   XIV-K-4
  N°3 Coy. Hon. Artillery Company
  30 April 1915

- Pte John Leaterland   VIII-C-1
  "A" Coy. 7th Bn.
  Northampshire Regiment
  16 October 1915

- Pte R. Mc Gillary   XVI-E-12
  12th Bn. Royal Scots
  27 April 1918

- Pte F. Robertson   XIII-E-14
  2nd Bn. Cameron Highlanders
  17 March 1915

- Pte F.W. Saddington   XIII-J-15
  20th Bn. Middlesex Regiment
  28 September 1918

- Pte W.G. Smith   XV-H-11
  15th Hampshire Yeomanry Bn.
  Hampshire Regiment
  4 September 1918

- 2nd Lt. Percy Hugh Wray   XV-K-17
  7th Bn. Royal Irish Fusiliers
  Hij was onder de Ierse slachtoffers van 7 juni
  1917

70

Zeventienjarigen:
- Pte. F. Bynam VIII-B-4
  7th Bn. Yorkshire Regiment
  15 September 1915

- Pte. Henry Edward Carter XII-B-8
  15 th Hampshire Jeomanry Bn.
  Hampshire Regt.
  13 November 1916

- Lce. Cl. Martin Hicks XIV-L-5
  1st Bn. Wiltshire Regt.
  11 May 1915

- Cl. William George Port XII-A-14
  7th Bn. Yorkshire Regt.
  22 February 1916

Er ook één zestienjarige;
- Pte. William Dulgarians Crombie XII-B-8
  10th Bn. Royal West Kent
  9 November 1916

De hoogste leeftijd - 48 jaar - werd slechts door twee mannen gehaald;

- Pte A. Turner XII-A-6
  18th Bn. Canadian Inf.
  Western Ontario Regt.
  12 May 1916

- Major T. Kelly M.C. XIII-D-18
  11th Bn. The Queen's
  26 June 1917

Eén Canadees werd 45 jaar;
- Pte. Thomas Mc Mahon III-E-2
  P.P.C.L.I. Eastern Ontario Regt
  19 March 1915

Verder liggen hier twee 44jarigen, twee 43jarigen, vier 42jarigen , drie 41jarigen en twee 40jarigen begraven.

Het officierenkorps telt volgende slachtoffers
- 14 luitenanten
- 26 2e luitenanten
- 12 kapiteins
- 3 majoors

- At evening time it shall be light. Age 34
- Duty called and he answered promptly.
  Age 41
- He fell in the flower of youth. Age 22
- An only son, now in God's care. Age 20
- In memory of our son. He did not live to grow
  old as we grow older. Age 19.

Welsh Cemetery (Caesar's Nose), Boezinge
De 38th (Welsh) Division bedacht de naam *"Caesar's nose"* en 23 van hun manschappen liggen hier tussen juli en november 1917 begraven op een totaal van 68. Hun leuze was *"Ich dien"*.

Op 26 april 1915 was de Lahore divisie van de Indiërs in heftige gevechten betrokken en konden de Duitsers achteruit drijven van Colne Valley tot No Man's Cot. De verliezen beliepen 1.943 man, vooral onder de 47th Sikhs en de 40th Pathans.

De 1e Welsh Guards van de 38e divisie vielen aan op 29 juli 1917 en boekten een grote terreinwinst op 31 juli. Tijdens die aanval won sergeant Robert James Bye het Victoria Cross door twee bunkers te veroveren en zeventig Duitsers krijgsgevangen te nemen.

- Absent from the body, present with the Lord.
  Age 35

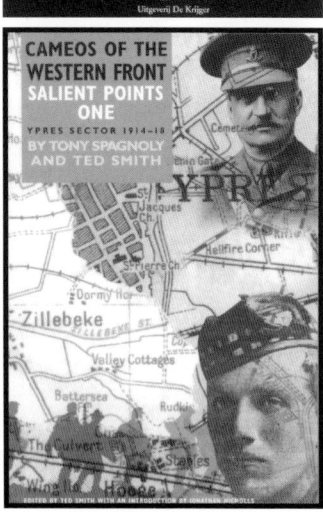

NIEUW !! SLAGVELD BELGIË

Een gloednieuwe reeks die aansluit bij
*"De militaire begraafplaatsen van
de Eerste Wereldoorlog in Vlaanderen"*

Slagveld België 1 PASSENDALE

Nigel Cave

De strijd om het dorp

De slag om Passendale is beter gekend als de Derde Slag om Ieper. Een hoogst misleidende benaming zo blijkt, vermits de strijd om dit belangrijk Vlaams dorp slechts de eindfaze was van een veel omvattender veldslag die drie maanden woedde.

Dit boek is in de allereerste plaats een gids waarin uitsluitend de aandacht naar de aanvallen van de Canadezen en de Nieuw-Zeelanders gaat. Ze vochten kort maar heftig en verdienden in negen dagen tijd maar liefst negen Victoria Crosses.

144 blz, 695 Bef

Slagveld België 2 HILL 60

Nigel Cave

Hill 60

Hill 60 is een beruchte heuvel ten zuidoosten van Ieper. Hij was kunstmatig aangelegd met het zand van de spoorlijn Ieper-Komen. Toen de Duitsers in 1915 de heuvel in bezit hadden werden ze op 17 april met een krachtdadige knal weggeveegd. Voor het eerst in de oorlogsvoering hadden de Britten een mijngang gegraven en die volgestouwd met springstof die tot ontploffing werd gebracht.

160 blz, 695 Bef

Slagveld België 3 De Ieperboog 1914 - 1918

Tony Spagnoly & Ted Smith

Schetsen van het Westelijk Front 1

Bedoeld om de bezoeker van de slagvelden van de Eerste Wereldoorlog een beter inzicht te geven in de kleinere acties in de Grote Oorlog, beschrijft dit werk in detail de mannen die erbij betrokken waren. Verschillende onderwerpen die nooit aan bod kwamen, komen in dit boek aan de beurt.

172 blz, 695 Bef

Van Pionier tot Luchtridder
Roger Lampaert

Van Pionier tot Luchtridder vertelt over het ontstaan en de eerste schuchtere inzetten van het Belgisch Militair Vliegwezen in de turbulente periode van de Eerste Wereldoorlog. Met veel oog voor detail en een schat aan nimmer gepubliceerde foto's worden hier de exploten van de eerste Belgische militaire piloten hoog boven de IJzervlakte verhaald.

192 blz   995 Bef

Verdwenen in de Noordzee
Tomas Termote

Verdwenen in de Noordzee is het verhaal van de Duitse U-boten aan de Vlaamse kust in de Eerste Wereldoorlog en hun ontstellende verliezen. Ruim geïllustreerd met talrijke kaarten wordt van elk schip zijn laatste tocht gereconstrueerd. Samen met de auteur, een archeoloog-duiker, bezoeken we de wrakken van vijftien Duitse U-boten die in de Noorzee verdwenen en dwalen door de resten van wat ooit de trots van de Kriegsmarine was.

VESTING ANTWERPEN

Robert Gils schreef voor de reeks BELGIË ON-DER DE WAPENS een aantal verhelderende afleveringen over de **Vesting Antwerpen**.

In Deel I (BOW5) beschrijft hij de concepten en de bouw van de forten tussen 1830 en 1885 in een periode die gekenmerkt wordt door het gebruik van bakstenen waardoor deze kunstwerken terecht de naam "Bakstenen schoonheid" verwierven.

Daarop volgt Deel II (BOW7) met de bouw van de "Pantserforten" in de periode 1885 tot het betekenisvolle jaar 1914.

Deel III (BOW13) vertelt in de vlotte stijl van Gils over de Schelde- en Redeverdediging van Antwerpen. De Schelde is de levensader van de stad aan de stroom en de verdediging van deze maritieme grens werd destijds niet over het hoofd gezien. Verschillende forten moesten een vijandelijke vloot beletten de stroom op te varen en Antwerpen te beschieten.

Vesting Antwerpen

Deel 1	80 blz
Deel II	80 blz
Deel III	80 blz

495 Bef

DE KRIJGER

Krijgsgeschiedenis

BOEKHANDEL & UITGEVERIJ

Dorpsstraat 144 - 9420 Erpe

Tel. (053) 80 84 49 - Fax (053) 80 84 53

Open: maandag tot zaterdag van 14 tot 19 uur.

Ouvert: lundi à samedi de 14 à 19 heures.

Op het ogenblik zijn er ongeveer 20.000 titels (± 50.000 boeken) in voorraad, uitsluitend militaire geschiedenis. Zeker een bezoek waard!

Actuellement, nous avons en stock 20.000 titres (± 50.000 livres) consacrés exclusivement à l'histoire militaire. Cela vaut vraiment la peine d'une visite. A bientôt donc!

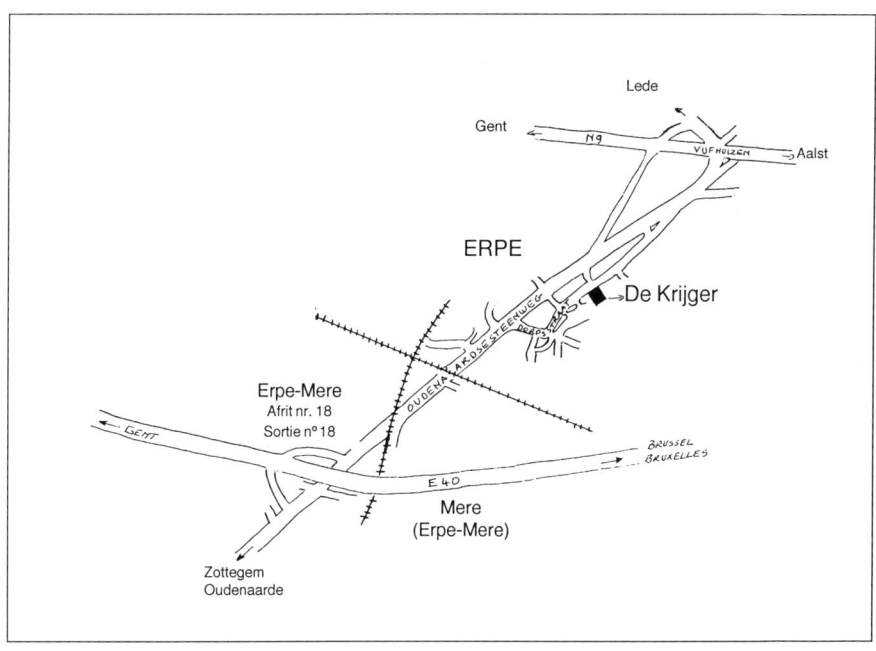

De winkel met een totale oppervlakte van 400 m²
is onderverdeeld in 3 delen:
1) 2de W.O.
2) 1ste W.O. - Oudheid - Vuurwapens - Moderne
oorlogvoering
3) Reeksen - Uitgevers.

Le magasin étendu sur 400 m² est divisé en
trois parties:
1) 2ème Guerre Mondiale
2) 1ère Guerre Mondiale - Temps anciens
Armes à feu - Guerres modernes
3) Séries - Maisons d'editions.

De boeken zijn geklasseerd volgens onderwerp.
Oude, uitverkochte en nieuwe boeken staan niet af-
zonderlijk.
Er is ook een zoekdienst voor oude en uitverkochte
boeken, uitsluitend krijgsgeschiedenis.
U kan steeds een lijst brengen van boeken die u
zoekt. Vermeld wel zoeklijst.
Boeken op een zoeklijst en bestellingen blijven gel-
dig tot levering of annulatie.

Les livres sont classés par sujet.
Les livres d'époque, épuisés ou nouveaux ne sont
pas classés séparément. Il existe egalement un
service de recherches pour les livres épuisés mais
uniquement militaires. Vous pouvez toujours nous
donner votre liste d'ouvrages à chercher. Indiquez
bien " liste de recherche". Des livres figurants sur
une liste de recherches ou des commandes restent
valables jusqu'à la livraison ou l'annulation.

Wij kopen oude boeken, tijdschriften, loten en verzamelingen in elke taal
op, alleen krijgsgeschiedenis. Gooi niets weg, het is altijd wel iets waard
bij DE KRIJGER.

Nous achetons aussi livres, magazines, lot, collections. Uniquement les
livres de guerre ou d' histoire militaire, dans n'importe quelle langue. Ne
jettez rien car cela vaut toujours quelque chose auprès de DE KRIJGER.

BELGIË IN OORLOG

BELGIË IN OORLOG

  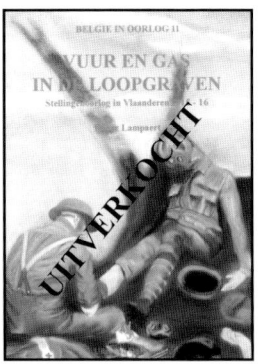 

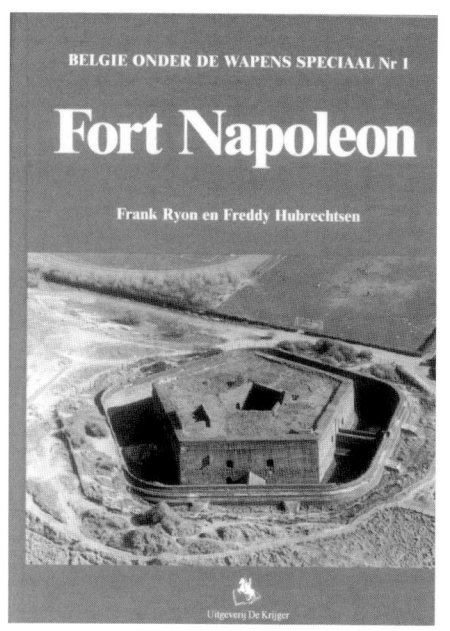
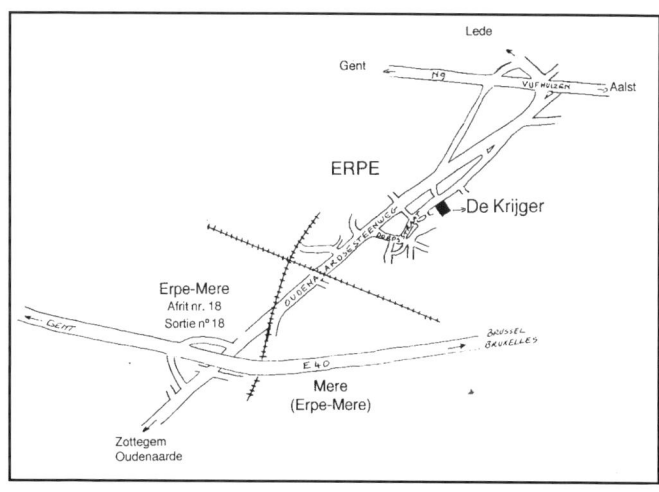